Excel在物流企业的应用
（第二版）

高福军 著

清华大学出版社
北京

内 容 简 介

本书以 Microsoft Excel 2016 版本为基础，以物流企业为依托，对物流企业中的仓储、配送、运输等方面的相关问题，利用 Excel 进行解决。

本书内容以任务的形式进行组织，每项任务包含相对应的物流基础知识介绍、操作任务、任务分析、Excel 知识要点及 Excel 操作过程，适合有一定物流基础的读者阅读和学习。本书选材浅显易懂，由浅入深，涉及 Excel 表格处理、函数的使用、数据透视表的应用、图形的绘制、图表的使用、宏及物流专业 VBA 应用等内容，适合具有 Excel 基础的读者进一步巩固学习使用。本书可以作为中等职业院校、高等职业院校学生学习用书，以及物流从业办公软件岗前培训和物流领域企业员工自学用书，还可作为广大读者进一步学习 Excel 应用的参考用书。

本书封面贴有清华大学出版社防伪标签，无标签者不得销售。
版权所有，侵权必究。举报：010-62782989，beiqinquan@tup.tsinghua.edu.cn。

图书在版编目(CIP)数据

Excel 在物流企业的应用/高福军著.—2 版.—北京：清华大学出版社，2021.12(2025.1重印)
ISBN 978-7-302-59875-6

Ⅰ.①E… Ⅱ.①高… Ⅲ.①表处理软件-应用-物流管理 Ⅳ.①F252.1

中国版本图书馆 CIP 数据核字(2021)第 272104 号

责任编辑：吴梦佳
封面设计：常雪影
责任校对：李　梅
责任印制：刘海龙

出版发行：清华大学出版社
网　　址：https://www.tup.com.cn,https://www.wqxuetang.com
地　　址：北京清华大学学研大厦 A 座　　邮　编：100084
社 总 机：010-83470000　　邮　购：010-62786544
投稿与读者服务：010-62776969，c-service@tup.tsinghua.edu.cn
质量反馈：010-62772015，zhiliang@tup.tsinghua.edu.cn
课件下载：https://www.tup.com.cn,010-83470410

印 装 者：三河市天利华印刷装订有限公司
经　　销：全国新华书店
开　　本：185mm×260mm　　印　张：14.5　　字　数：330 千字
版　　次：2017 年 3 月第 1 版　2022 年 1 月第 2 版　印　次：2025 年 1 月第 7 次印刷
定　　价：48.00 元

产品编号：093409-02

FOREWORD
前　言

党的二十大报告指出,统筹职业教育、高等教育、继续教育协同创新,推进职普融通、产教融合、科教融汇,优化职业教育类型定位,再次明确了职业教育的发展方向。从职业教育实践来看,产教融合是职业教育的基本办学模式,也是职业教育发展的本质要求,所以我们在教学中要始终如一坚持职业教育产教融合发展方向,结合企业实际应用,思考如何把理论讲透、讲深、讲到位。本书正是遵循产教融合为原则而编写的,选取企业应用案例为素材,为企业培养来之能用的高素质职业人才。

使用本书进行教学,教学过程中的总体思政要点在于要求学习人员对待工作要兢兢业业、一丝不苟,尤其对于 Excel 数据操作,如果统计汇总数据有丝毫的错误,都会影响企业生产经营,所以在企业工作中要认真做好本职工作。

本书围绕 Excel 结合物流企业实际应用,选取仓储、配送、运输等方面的若干任务,从物流入库单据、货物组托设计、货物 ABC 分类法开始,由浅入深地介绍物流企业营销数据统计、物流企业标准作业卡、仓库规划设计图、宏代码和 VBA 程序设计等方面的内容,使读者掌握 Excel 在数据、表格、图表、函数、VBA 等方面的应用。最后,综合运用 Excel 相关知识,完成"仓储信息管理系统的分析"任务。

本书以 Microsoft Excel 2016 为平台,进一步提高软件办公应用环境,对相关内容做了进一步调整。每个任务由"物流知识说明""操作任务""任务分析""Excel 知识要点""Excel 操作""思考题"六个部分构成,各部分之间相互联系。其中,"Excel 操作"是"操作任务"的执行过程,通过实际操作使读者掌握利用 Excel 解题的过程,将 Excel 操作技巧与物流知识和企业实际应用相结合。

使用本书作为教学工具用书,在教学安排上,建议将本课程放在入职前的最后一个学期,仓储、配送、运输、Visual Basic 等方面的前导课程都已经完成,这样,学生学习 Excel 在上述领域的应用时也比较容易接受,尤其对于 VBA 内容的接受效果更好。通过学习,学生到企业后能够在很短的时间内将 Excel 操作技巧与实际工作衔接起来,有利于拓展工作能力。本书内容可按 40~60 学时安排教学,建议学时分配如下。

任　务	题　目	学　时
任务一	仓储入库单据设计	2
任务二	仓储货物组托设计	2

续表

任 务	题 目	学 时
任务三	物流从业人员求职信息设计	2
任务四	仓库选址设计图	4
任务五	仓储拣选作业计划分析	2
任务六	商品库存管理 ABC 分类法	4
任务七	物流公司经营业绩统计图表	2
任务八	配送路线优化设计	2
任务九	利用 Excel 规划求解功能解决运输配送量问题	2
任务十	编制物流叉车岗位标准作业卡	4
任务十一	岗位周工作计划及总结的编写	2
任务十二	数据透视表在快递集包业务中的应用	2
任务十三	物流企业新产品投资开发方案分析	2
任务十四	物流企业进销存管理	4
任务十五	物流企业多技能工人员管理	2
任务十六	VBA 在物料管理中的应用	10
任务十七	仓储信息管理系统综合应用	10

  任课教师也可以根据各自不同的教学要求调整各任务的学时分配。在教学过程中，建议所有课程都是在计算机实训室完成，学生每次完成相关任务后上交文档，由教师课后给出成绩评定。

  本书配套资源有电子课件、思考题答案及相关任务的素材，读者可在清华大学出版社网站下载。本次再版过程中对书中出现的一些问题做了修改，由于编者水平有限，书中难免有不当之处，欢迎各位专家、老师及读者批评指正。

  本书从编写到出版，经过了多轮修改，尤其是这次，在出版社编辑的指导下做了进一步的完善，在此对付出辛勤劳动的编辑、老师们表示衷心的感谢。

作 者
2023 年 7 月

目 录

任务一　仓储入库单据设计 …………………………………………………………… 1

任务二　仓储货物组托设计 …………………………………………………………… 9

任务三　物流从业人员求职信息设计 ………………………………………………… 22

任务四　仓库选址设计图 ……………………………………………………………… 30

任务五　仓储拣选作业计划分析 ……………………………………………………… 40

任务六　商品库存管理 ABC 分类法 …………………………………………………… 51

任务七　物流公司经营业绩统计图表 ………………………………………………… 63

任务八　配送路线优化设计 …………………………………………………………… 80

任务九　利用 Excel 规划求解功能解决运输配送量问题 …………………………… 88

任务十　编制物流叉车岗位标准作业卡 ……………………………………………… 98

任务十一　岗位周工作计划及总结的编写 …………………………………………… 108

任务十二　数据透视表在快递行业集包业务中的应用 ……………………………… 122

任务十三　物流企业新产品投资开发方案分析 ……………………………………… 138

任务十四　物流企业进销存管理 ……………………………………………………… 154

任务十五　物流企业多技能工人员管理 ……………………………………………… 165

任务十六　VBA 在物料管理中的应用 ………………………………………………… 174

任务十七　仓储信息管理系统综合应用 ……………………………………………… 197

参考文献 ………………………………………………………………………………… 224

任务一

仓储入库单据设计

关键词：表格、入库单据。

学习目标：通过对入库送货单、入库申请单、货物验收单、入库签收单、入库检验报告等表格的处理，熟练掌握 Excel 表格设计技巧。

一、物流知识说明

入库作业是指仓储部门按照存货方的要求，合理组织人力、物力等资源，按照入库作业程序，认真履行入库作业各环节的职责，及时完成入库任务的工作过程。

1. 入库作业的流程

入库作业的流程如图 1-1 所示。

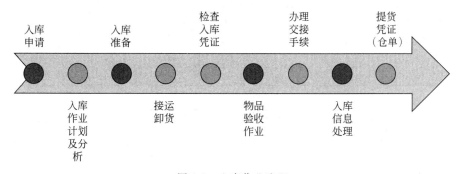

图 1-1　入库作业流程

2. 入库作业的内容

商品入库作业包括商品接运、商品入库验收、办理入库手续等一系列业务活动。

（1）商品接运。商品接运是指仓库对通过铁路、水运、公路、航空等方式运达的商品进行接收和提取的工作。接运的主要任务是准确、齐备、安全地提取和接收商品，为入库验收和检查做好准备。接运的方式主要有车站码头提货、铁路专用线接车、自动提货和库内提货。

（2）商品入库验收。商品入库验收要进行数量点收和质量检验。数量点收主要是根据商品入库凭证清点商品数量，检查商品包装是否完整，数量是否与凭证相符。质量检验主要是按照质量规定标准,检查商品的质量、规格和等级是否与标准相符。对于技术性强、需要用仪器测定与分析的商品,需有专职技术人员进行验收。

(3)办理入库手续。办理入库手续主要是指交货单位与库管员之间办理的交接工作,主要包括商品的检查核对、事故的分析和判定、双方认定、在入库单上签字。仓库方一方面给交货单位签发接收入库凭证,并将凭证交给会计统计入账、登记;另一方面安排仓位,提出保管要求。

3. 影响入库作业的因素

影响入库作业的因素有供应商送货方式;商品的种类、特性与数量;人力资源;设备及存货方式。

4. 入库作业常见的问题

入库作业常见的问题有数量不符、质量问题、单证不符与单证不全。

二、操作任务

长春万顺物流配送中心接到供应商发来的一批货物(入库单号20210315),现在需要进行组托、上架入库至重型货架,其货物名称、规格、数量和包装尺寸如表1-1所示。

表1-1 入库任务汇总

序号	货品条码	货品名称	单价/元·箱$^{-1}$	数量/箱	重量/kg·箱$^{-1}$	外包装尺寸/mm
1	6921317905038	转向横拉杆总成	824.00	20	13	200×360×270
2	6939261900108	散热器	196.00	18	9	330×245×280
3	6901521103123	燃油滤清器	172.00	46	10	275×215×200
4	6921200101103	前减震器	486.00	26	20	320×220×320
5	6921100369993	点火开关	380.00	10	25	595×395×340

要求制作入库通知单、送货单、入库货物异常报告、货物质检单等相关单据(各单据根据货物不同,自行设计)。

三、任务分析

按照入库作业流程,通常需要下述单据。

1. 入库申请单

作为企业生产部门,将订购货物的信息及入库时间及时通知仓库,以便仓库做好入库准备,待仓库部门确认后,方可将货物入库。

2. 送货单

送货的客户要持有送货单,标明货物品种、数量、规格、价格、包装、重量;另外,送货时需要有货物质检报告、商品合格证等相关信息。

3. 入库商品验收单

到货以后,商品验收员要对货物进行检验,检查货物品种、规格、数量、质量等,双方需要在入库商品验收单上签字。

4. 入库商品签收单

入库商品经过验收,相关人员清点商品数量、检查商品质量后,在商品签收单上签字确认。之后,仓库管理员指挥叉车作业员、理货员等相关岗位员工完成商品入库操作。

四、Excel 知识要点

1. 表格处理

在日常工作中,我们经常要做各种各样的表格,采用 Word 做表格,有时候调整起来太麻烦,不如用 Excel 制作的表格容易调整。如果需要将表格插入 Word 文档,利用 Excel 制作很容易实现:复制表格后直接插入即可,也可以以文件的形式插入。

依次执行菜单命令"插入"→"表格"后弹出如图 1-2 所示的"创建表"对话框。选择指定位置的数据,勾选"表包含标题",确定后出现表的约定设置格式,可轻松插入表格数据。

图 1-2 创建表

利用 Excel 做表格可以调整单元格居中、靠左、靠右等显示位置,设置是否显示表格的边框线,以及合并与拆分单元格。

本次任务中,表格处理比较多,其主要目的是训练学生对表格的设置和处理能力。

2. 公式应用

公式是 Excel 强大数据处理功能的得力助手。通过使用公式,可以轻松地完成大批量数据的快速运算。正确输入 Excel 公式,必须谨记以下要点。

(1) 公式必须以"="开始。不管是单纯的公式,还是更高级的函数使用,都要以"="作为开始标记;否则,所有的公式只能被 Excel 当作字符数据,而不能实现计算功能。

(2) 准确使用单元格。公式中用到的数据单元格名称要看清楚,A、B、C 等字母是列号,1、2、3、4 等数字是行号。

(3) 正确使用函数。对于所有公式中的函数,书写时英文括号"( )"都应成对出现,不能少了左括号或右括号。使用函数时可以自己输入,也可以使用插入函数的方法,但不可拼写错误。

(4) 公式以按 Enter 键表示输入结束。以"="开始,以按 Enter 键结束,是输入公式最基本的要求。在公式输入完毕而没有按 Enter 键的情况下单击鼠标,公式将遭到破坏。

五、Excel 操作

1. 送货单

（1）新建一个工作簿，将第一张工作表 Sheet 1 改名为"送货单"，然后做出如图 1-3 所示的表格，并填写数据。

（2）设定各个位置的标题字体、字号、颜色，格式如图 1-3 所示，在设置表格时，可以选定若干表格进行合并或者拆分，最后对表格进行边框设置处理。

送 货 单

送货单位：吉林四环汽车零部件有限公司

日期：2021 年 5 月 19 日　　　　　　　　　　　　　　　　　　　　　　　　编号：003246

收货公司	长春一汽国际物流有限公司		联络人	李莹
地　址	长春市东风大街 25 号		联络人电话	183×××5876
品　名	规　格	型　号	数　量	订单编号	备注
转向横拉杆总成	L191422803C	速腾	20	SHLBJ0045	
散热器	L1GD121251C	速腾	40	SHLBJ0045	
燃油滤清器	L1GD127401	速腾	1 000	SHLBJ0047	
空气滤清器滤芯	L1GD129620	速腾	500	SHLBJ0047	
发动机前支承座	L1GD199279A	宝来	60	SHLBJ0050	
前减震器（气压）	L1GD413031B	宝来	50	SHLBJ0050	
送货人	江珊		签收人	马野
地　址	长春经济开发区 225 号		邮　编	130011
电　话	85251111		电子信箱	MAYE@YQGJWL.COM
网　址	WWW.yqshgf.com		传　真	85352222

图 1-3　送货单

2. 入库申请单

（1）将第二张工作表 Sheet 2 改名为"物料入库申请单"，做出如图 1-4 所示的表格，并填写数据。

（2）设定各个位置的标题字体、字号、颜色，格式如图 1-4 所示。

（3）输入公式计算"总计数量"：总计数量＝每箱数量×箱数。

（4）左上角"长春一汽国际物流有限公司"图标可以在网络上截图得到。

长春一汽国际物流有限公司
Changchun FAW International Logistics Co.,Ltd.

物料入库申请单

申请时间	2021年4月12日	申请部门		采购部
合同要求入库时间:2021年4月25日		货物实际入库时间		2021年4月25日
供应商		吉林汽车制动器厂		
采购合同号	品名	编号	单价/元	每箱数量	箱数	总计数量
JLZDQ0001	制动分泵	L6N0 611 053	69.50	3	10	
JLZDQ0001	离合器拉索	L191 721 335 ABSSS	214.26	10	15	
JLZDQ0004	制动蹄摩擦衬片	L1H0 698 525 B	195.28	100	10	
JLZDQ0004	前刹车片	L357 698 151 B	190.38	50	12	
备注:						

采购员:黄红旭　　　　　　　质检员:王伟　　　　　　　仓库员:贾春雷

图1-4　物料入库申请单

3. 货物验收单

(1)将第三张工作表Sheet 3改名为"货物验收单",做出如图1-5所示的表格,并填写数据。

(2)设定各个位置的标题字体、字号、颜色,格式如图1-5所示。

(3)输入公式计算"金额":金额=数量×单价。

货物验收单

部门:　　　　　　　　　　　　　　　　　　　　　　　　　　年　　月　　日

序号	送货单位	送货单号	品名	规格	型号	单位	数量	单价/元	金额/元	备注
1	××汽车空调电器厂	DQ0045	点火开关	宝来	L6N0 905 865	个	100	39.18		不合格
2	××汽车空调电器厂	DQ0045	电风扇总成	宝来	L1GD 959 455 D	个	85	404.33		合格
3	××汽车空调电器厂	DQ0045	倒车开关	捷达	L020 945 415 A	个	100	16.54		合格
4	××汽车空调电器厂	DQ0045	尾灯-CIX	捷达	L1GD 945 096	个	200	312.67		不合格
5										
6										
7										
存在问题:	1. 点火开关:实到数量99个 2. 尾灯-CIX:外包装有破损,内部检查有碰撞损伤									
处理意见:	返厂◆　　　　　　　维修□　　　　　　　其他◆ 尾灯-CIX:返厂换货　　　　　　　　　　点火开关:补齐数量									

仓管员:张全英　　　　　　　送货确认:李大虎　　　　　　　经理签字:王光辉

①联仓库留底　　　　　　②联财务　　　　　　③联送货人

图1-5　货物验收单

4. 入库货物验收单

(1)插入新工作表,将其改名为"入库货物验收单",做出如图1-6所示的表格,并填写数据。

(2)设定各个位置的标题字体、字号、颜色,格式如图1-6所示。

(3)查找数据,完整填写"入库货物验收单"。

入库货物验收单

订单编号:　　　　　　　　　　　验收单编号:　　　　　　　　填写日期:

货物编号	品名	订单数量	规格符合		单位	实收数量	单价	总金额
			是	否				
是否分批交货	□是 □否	检查	抽样__%不良		验收结果	1 2	验收主管	验收员
			全数__个不良					
总经理	财务部				仓储部			
	主管		核算员		主管		收货员	

图1-6　入库货物验收单

5. 入库验收报告单

(1)插入新工作表,将其改名为"入库验收报告单",做出如图1-7所示的表格,并填写数据。

(2)设定各个位置的标题字体、字号、颜色,格式如图1-7所示。

(3)查找数据,完整填写"入库验收报告单"。

入库验收报告单

编号:　　　　　　　　　　　　　　　　　　　填写日期:　　年　　月　　日

入库名称		数量		
验收部门		验收人员		
验收记录		验收结果		□合　格 □不合格
入库记录	入库单位		入库部门	
	主管经办		验收主管	验收专员

图1-7　入库验收报告单

6. 入库签收单

(1)插入新工作表,将其改名为"入库签收单",做出如图1-8所示的表格,并填写数据。

(2)设定各个位置的标题字体、字号、颜色,格式如图1-8所示。

(3)查找数据,完整填写"入库签收单"。

一汽四环汽车零部件公司

供货单位：＿＿＿＿＿＿＿＿　　　　入库签收单　　　　No：

地　　址：　　　　　　　　　　　　　　　　　　　　　年　月　日

编号	品名	规格	单位	数量	单价	金额							
						十万	万	千	百	十	元	角	分
金额合计(大写)						合计							

仓管：　　　　　　　　财务：　　　　　　　　审核：

图 1-8　入库签收单

六、思考题

1. 单选题

（1）如果要在单元格中输入公式，单元格内的数据必须以符号（　　）开始。

　　A．@　　　　　　　B．=　　　　　　　C．／　　　　　　　D．×

（2）要调整某一列的宽度，可以将鼠标放置于（　　）位置。

　　A．选中单元格→拖动　　　　　　B．右击选择某一列→"插入"

　　C．右击单元格→"设置单元格格式"　　D．右击选择某一列→"列宽"

（3）如果将某些单元格数据显示设置为"%"格式，应执行（　　）操作。

　　A．选择单元格→"设置单元格格式"→"科学计数法"

　　B．选择单元格→"开始"→"插入"→"百分比"

　　C．选择单元格→"设置单元格格式"→"数字"→"百分比"

　　D．选择单元格→"设置单元格格式"→"分数"

（4）将设置好的所有表格数据显示格式都设置为实线，应（　　）。

　　A．选择单元格→"开始"→"字体"→"边框"

　　B．右击选择单元格→"单元格设置"→"填充"

　　C．选择单元格→"视图"→"显示"

　　D．选择单元格→"视图"→"窗口"→"拆分"

（5）在 Excel 2016 中，要打开为表格添加边框对话框的错误操作是（　　）。

　　A．单击"开始"功能区的"字体"组

　　B．单击"开始"功能区的"对齐方式"

　　C．单击"开始"菜单中的"数字"组

　　D．单击"开始"功能区的"编辑"组

2. 多选题

（1）以下关于管理 Excel 表格正确的表述是（　　）。

  A. 可以给工作表插入行   B. 可以给工作表插入列

  C. 可以插入行，但不可以插入列 D. 可以插入列，但不可以插入行

（2）在 Excel 中，可以通过临时更改打印质量来缩短打印工作表所需的时间，下面这些方法可以加快打印作业的是（　　）。

  A. 以草稿方式打印   B. 以黑白方式打印

  C. 不打印网格线   D. 降低分辨率

（3）在 Excel 2016 中，如果要输入身份证号码，应（　　）。

  A. 直接输入身份证号码

  B. 先输入单引号，再输入身份证号码

  C. 先输入冒号，再输入身份证号码

  D. 先将单元格格式转换成文本，再直接输入身份证号码

（4）在 Excel 2016 中，下面能将选定列隐藏的操作是（　　）。

  A. 右击选择"隐藏"

  B. 将列标题之间的分隔线向左拖动，直至该列变窄，看不见为止

  C. 在"列宽"对话框中设置列宽为"0"

  D. 以上选项不完全正确

（5）在 Excel 单元格中，如果将数字作为文本输入，下列方法正确的是（　　）。

  A. 先输入单引号，再输入数字

  B. 直接输入数字

  C. 先设置单元格格式为"文本"，再输入数字

  D. 先输入"＝"，再输入双引号和数字

任务二

仓储货物组托设计

关键词：图形、表格、背景。

学习目标：通过对货物的组托设计，掌握 Excel 简单自选图形边线设置、填充设置、大小设置及组合等基本操作技能。

一、物流知识说明

1. 货物组托

货物组托是货物在托盘上摆放、组合过程的简称，实际上就是把小件货物堆码在一个标准托盘上的过程，其目的是提高货物装卸、运输的速度。

托盘(pallet)是指在运输、搬运和存储过程中，将物品规整为货物单元时，作为承载面并包括承载面上辅助结构件的装置(国家标准《物流术语》GB/T 18354—2021)。托盘广泛应用于生产、运输、仓储和流通等领域，被认为是 20 世纪物流产业中两大关键性创新之一。托盘是物流产业中最基本的集装单元，托盘标准化是提高托盘系统效率的必要条件。只有托盘标准化了，其他货物、设备的规格才能协调，从而提高物流系统的整体效率。在物流设备的制造过程中，不管是托盘还是货物包装，都应遵循物流基础模数尺寸 600mm×400mm，以利于货物合理、牢固地摆放到托盘上。目前中国的托盘标准规格有多种，但在实际中多数采用 1 000mm×1 200mm 和 1 100mm×1 100mm 这两种规格。托盘作为物流运作过程中重要的装卸、储存和运输设备，与叉车配套使用，在现代物流中发挥着巨大的作用。托盘给现代物流业带来的效益主要体现在：可以实现物品包装的单元化、规范化和标准化，保护物品，方便物流和商流。

2. 组托的几种形式

为了便于作业，在货物运输以及库存管理过程中，经常要对物品进行堆码设计。托盘是经常要使用的运输器具，物品如何摆放到托盘上，才能使其在运输和存储过程中比较稳定，并实现最大量的承载，是本次任务要解决的问题。

一般情况下，托盘上货物组托的方式主要有以下四种。

(1) 重叠式。重叠式(见图 2-1)是在托盘上将货物向一个方向并列，从最下层到最上层完全一致的堆码形式。这种方式的优点是员工操作速度快，包装货物的四个角和边重叠垂直，承载能力大；缺点是各层之间缺少咬合作用，容易发生塌垛。在货物底面积较大的情况下，采用这种方式具有足够的稳定性，如果再配上相应的紧固方式，不但能保持稳定，还具有装卸操作省力的优点。

（2）纵横交错式。纵横交错式（见图2-2）是指相邻两层货物的摆放互为90°，一层横向放置，另一层纵向放置，每层间有一定的咬合效果，但咬合强度不高。采用这种方式，适合将货物码放成方形垛，其特点是货物之间相互交错，增加了摩擦力，使层间有一定的咬合性，货垛相对稳固。

（3）正反交错式。正反交错式（见图2-3）是指在同一层中，不同列的货物以90°垂直码放，相邻两层的货物码放形式是另一层旋转180°，类似于建筑上的砌砖方式，不同层间咬合强度较高，相邻层之间不重缝，因而码放后堆垛的稳定性较高，但操作较麻烦，且包装体之间不是垂直面相互承受载荷，所以下部货物容易压坏。

（4）旋转交错式（中心留孔堆码）。旋转交错式（见图2-4）是指第一层相邻的两个包装体互为90°，两层间码放相差180°。采用旋转交错方式，每层货物间的堆码总体上呈风车型，层间货物互相咬合、交叉。其优点是由于每两层货物间交叉，使货物便于码放成正方形垛，货垛更加稳固，托盘货体稳定性高；缺点是码放难度加大，且中间形成空穴，托盘表面积的利用率降低，托盘装载能力下降。

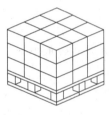 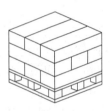 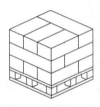 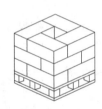

图2-1 重叠式　　图2-2 纵横交错式　　图2-3 正反交错式　　图2-4 旋转交错式

3. 组托的原则

不论托盘组托，还是货堆组托，一般都有五个原则，如图2-5所示。

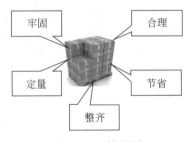

图2-5 组托原则

二、操作任务

现有如图2-6和图2-7所示的商品验收单和入库任务单，物品验收后需要存储到仓库内，入库前需要将其摆放到高度为150mm、大小为1 200mm×1 000mm的托盘上进行组托，才能使用叉车等工具完成入库。本次商品已经过验收,符合入库条件。计算并画出组托示意图,并根据货物示意图确定货物入库的位置。

日期:2021 年 4 月 25 日　　　　　　　　　　　　　　　　　　　　　　　　　验收员:马野

序号	商品名称	包装规格/mm(长×宽×高)	单价/元·箱$^{-1}$	数量/箱	重量/kg	备注
1	立白洗洁精	380×285×235	100	20	5	合格
2	HP 微型计算机	590×500×220	3 000	16	8	合格
3	DELL 微型计算机	541×476×358	3 200	16	8	合格
4	HP 显示器	529×103×373	1 100	30	5	合格

图 2-6　商品验收单

入库任务单编号:R2021042501　　　　　　　　　　　　　　　　　　　计划入库时间:到货当日

序号	商品名称	包装规格/mm(长×宽×高)	单价/元·箱$^{-1}$	重量/kg	实际入库/箱
1	立白洗洁精	380×285×235	100	5	20
2	HP 微型计算机	590×500×220	3 000	8	16
3	DELL 微型计算机	541×476×358	3 200	8	16
4	HP 显示器	529×103×373	1 100	5	30

供应商:颐和工贸有限公司

图 2-7　入库任务单

三、任务分析

1. 货物组托前的要求

(1) 商品的名称、规格、数量、质量已全部查清。

(2) 商品已根据物流的需要完成编码。

(3) 商品外包装完好、清洁,标志清楚。

(4) 部分受潮、锈蚀以及发生质量变化的不合格商品,已加工恢复或已剔除。

(5) 为便于机械化作业,准备堆码的商品已完成集装单元化。

2. 组托操作中的要求

(1) 堆码整齐。货物堆码后,四个角成一条直线。

(2) 货物品种不混堆,规格型号不混堆,生产厂家不混堆,批号不混堆。

(3) 堆码合理性、牢固性。要求奇偶压缝、旋转交错、缺口留中,整齐牢固。

(4) 不能超出货架规定的高度。

3. 示意图的类型

(1) 主视图是指从正前方观察完成组托货物绘制的示意图。

(2) 俯视图是指从上方观察完成组托货物绘制的示意图(注意最后一层的货物摆放)。

(3) 奇数层俯视图是指第 1、3、5……层的货物摆放示意图。

（4）偶数层俯视图是指第2、4、6……层的货物摆放示意图。

4. 入库货架货位的确定

（1）A类货物放于第一层、B类货物放于第二层、C类货物放于第三层。

（2）货物放置于货架上时要注意分类存放，要考虑货物性质。大类相同的货物要连续存放在属性相同的货位。

5. 货物外包装

货物外包装如图2-8所示。

(a) Dell微型计算机外包装

(b) HP微型计算机外包装

(c) HP显示器外包装

(d) 立白洗洁精外包装

图2-8　货物外包装

6. 货架信息

货架信息如图2-9所示，根据给定数据可以计算出托盘货物的层数。

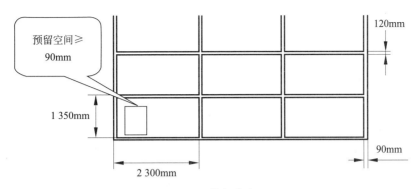

图 2-9　货架信息

$$\text{托盘货物存放的高度} = \frac{\text{货架总高度} - \text{托盘高度} - \text{叉车作业预留空间} - \text{货架横梁的高度}}{\text{货物的高度}}$$

四、Excel 知识要点

本任务将简单的绘图知识与物流商品在托盘上的摆放相结合,使用的图形较少,主要涉及矩形框、箭头、直线等。

1. 简单图形的绘制

插入图形的菜单如图 2-10 所示。通过自选图形的操作,读者应掌握以下几个方面的知识。

（1）各类图形的绘制。

（2）图形边线的处理。

（3）图形颜色的填充。

（4）图形上、下位置的叠加与调整。

图 2-10　插入图形

2. 图形尺寸标注

图形尺寸标注如图 2-11 所示。托盘长 1 200mm、宽 1 000mm 必须标注,货物的尺寸也必须标注出来。

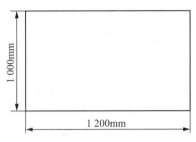

图 2-11　托盘尺寸标注

3. 调整图形大小和旋转

调整图形大小有两种方法：手动调整和通过菜单调整。

（1）手动调整图形大小。选定图形后，图形四周出现用于调整大小的控点，如图 2-12 所示。将光标指向相应的位置，出现调整箭头时，按住鼠标左键拖动完成调整。

如果要旋转图形，将鼠标指向图 2-12 中图形上方的圆点，将出现图形旋转标记，按住该标记可以完成图形旋转。

图 2-12　手动调整标注

（2）通过菜单调整图形尺寸，具体步骤如下。

① 右击指定图形，在弹出的快捷菜单中选择"大小和属性"，屏幕右侧弹出如图 2-13 所示的窗口。

② 在"大小"选项下的文本框中输入高度和宽度值，确定图形的大小，如果自由调整图形尺寸，则需要取消勾选锁定纵横比。

图 2-13　设置尺寸数值

4. 图形颜色填充和边线设置

（1）图形颜色填充。选择图形后右击，在弹出的快捷菜单中选择"设置形状格式"，选择"填充与线条\填充"图标选项，如图 2-14 所示，在此改变或取消图形的填充色。这里有多种可供选择的填充方式。

图 2-14　设置图形填充方式

（2）设置图形边线，具体步骤如下。

① 设置取消图形边线。在图 2-14 中选择"线条"，弹出如图 2-15 所示的对话框。在此选择"无线条"可以取消选定图形的边线。

② 设置图形边线线型。在图 2-15 中选择"实线"，之后会在选项下面出现如图 2-16 所示的对话框，在此可为图形边线设置不同的边线线型及相关设置。

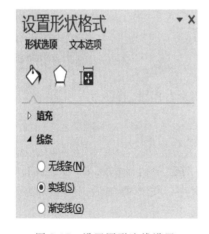

图 2-15　设置图形边线设置

图 2-16　设置图形边线样式

5. 图形的组合

针对图 2-11 所示的尺寸标注，可以将多个图形组合在一起，以便复制和粘贴。本任务中组托后的货物图形可以组合在一起，组合后的图形也可以取消组合，如图 2-17 所示。执行菜单命令"格式"→"组合"，或选择图形后右击，再从快捷菜单中选择命令，将图形组合或是取消组合。

图 2-17　图形组合、叠加位置

执行菜单命令"格式"→"排列"→"对齐"来调整、对齐图形位置,也可以在选择图形后利用 Ctrl+方向键微调图形位置。

6. 图形对齐

(1) 自动对齐。按住 Ctrl 键,然后单击指定图形,再选择菜单"格式"→"排列"→"对齐",如图 2-18 所示,下拉菜单中有多种对齐方式可以选择。这里主要介绍以下几类对齐方式。

① 左对齐:所有选定图形向左侧图形对齐,一般设置垂直排列。

② 水平居中:所有选定图形水平向中间对齐。

③ 右对齐:所有图形向右侧图形对齐,一般设置垂直排列。

④ 顶端对齐:所有选定图形垂直向位置最高的图形对齐。

⑤ 垂直居中:所有选定图形垂直向中间对齐。

⑥ 底端对齐:所有选定图形垂直向位置最低的图形对齐。

⑦ 横向分布:所有选定图形水平均匀间隔对齐。

⑧ 纵向分布:所有选定图形垂直均匀间隔对齐。

⑨ 对齐网格:所有选定图形向单元格网格对齐。

(2) 手动微调对齐,具体步骤如下。

① 可以用鼠标将选定图形移动到指定位置。

② 选定图形后可以通过键盘上↑、↓、←、→四个方向键,将图形按四个不同方向位置进行微调。

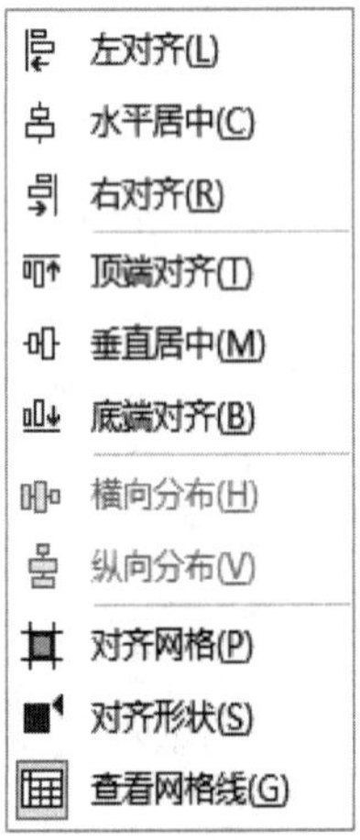

图 2-18　对齐方式

7. 图形的叠加次序

货物放置在图形托盘上涉及多个图形叠加,有时会影响显示效果,通过执行命令"格式"→"排列"→"置于底层(顶层)"改变叠加的次序。图形叠加后,还可以改变叠加层次,使图形上移一层或下移一层,以改变图形显示效果。

五、Excel 操作

1. 组托示意图

(1) 打开给定的本任务的文件(组托.xlsx),工作表 Sheet1 为四种货物的外包装尺寸图;选择工作表 Sheet2 并将其改名为"组托示意图"。

(2) 查看物品相关信息,计算各类商品在托盘上的摆放层数以及使用托盘的数量。

在"组托示意图"工作表中绘制表2-1并将每类商品的相关数据填入其中。每个表只填写一类货物相关数据,共有四类货物入库,所以需要绘制四张表格,分别存放相应货物的组托信息。

表 2-1 货物组托明细表

商品名称	包装规格/mm(长×宽×高)	重量/kg	入库/箱	托盘	层数

(3)在"组托示意图"工作表中画出如图2-19所示的托盘并标明尺寸,做好四种货物奇数层和偶数层组托的准备。共计八个托盘组托图,每个托盘大小为6cm×5cm。

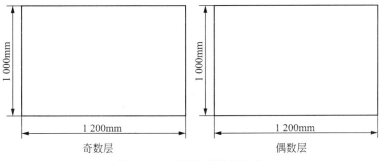

图 2-19 奇数层、偶数层托盘

(4)分别画出每一类商品奇数层和偶数层组托示意图。如果没有第二层,则只绘制奇数层的货物组托示意图。要求将商品画在托盘的中间位置,保证托盘移动重心稳定,货物不能超出托盘。如图2-20所示为某货物组托俯视图,如图2-21所示为货物组托主视图。

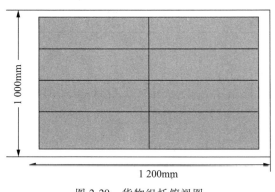

图 2-20 货物组托俯视图

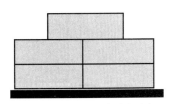

图 2-21 货物组托主视图

(5)四类货物的奇数层、偶数层组托示意图。

① 立白洗洁精的组托图:加载矩形图形作为立白洗洁精,大小为1.8cm×1.4cm,纯色填充"白色,背景1,深色35%"。组托明细如表2-2所示,奇、偶层组托示意如图2-22所示,组托主视图如图2-23所示。

表 2-2 组托明细表

序号	商品名称	包装规格/mm(长×宽×高)	入库/箱	托盘/个	层数/层
1	立白洗洁精	380×285×235	20	1	2

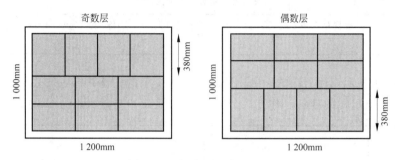

图 2-22 奇、偶层组托图(1)

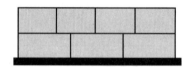

图 2-23 组托主视图(1)

② DELL 微型计算机组托图:加载矩形图形作为 DELL 微型计算机,大小为 2.6cm× 2cm,纯色填充"白色,背景1,深色35%"。组托明细如表 2-3 所示,奇、偶层组托示意如图 2-24 所示,组托主视图如图 2-25 所示。

表 2-3 组托明细表

序号	商品名称	包装规格/mm(长×宽×高)	入库/箱	托盘/个	层数/层
2	DELL 微型计算机	541×476×358	16	2	2

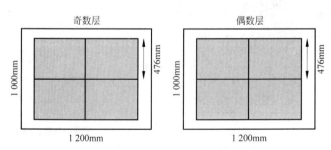

图 2-24 奇、偶层组托图(2)

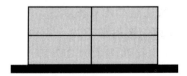

图 2-25 组托主视图(2)

③ HP 微型计算机组托图:加载矩形图形作为 HP 微型计算机,大小为 2.8cm×2.5cm,纯色填充"白色,背景1,深色35%"。组托明细如表2-4所示,奇、偶层组托示意如图2-26所示,组托主视图如图2-27所示。

表2-4　组托明细表

序号	商品名称	包装规格/mm(长×宽×高)	入库/箱	托盘/个	层数/层
3	HP 微型计算机	590×500×220	16	1	4

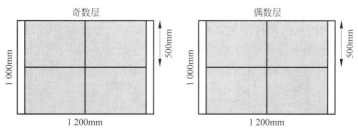

图2-26　奇、偶层组托图(3)

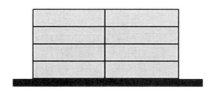

图2-27　组托主视图(3)

④ HP 显示器组托图:加载矩形图形作为 HP 显示器,大小为 2.5cm×0.55cm,纯色填充"白色,背景1,深色35%"。组托明细如表2-5所示,奇、偶层组托示意如图2-28所示,组托主视图如图2-29所示。

表2-5　组托明细表

序号	商品名称	包装规格/mm(长×宽×高)	入库/箱	托盘/个	层数/层
4	HP 显示器	529×103×373	30	2	2

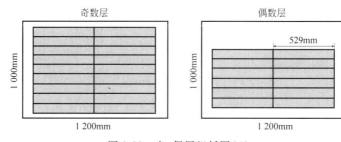

图2-28　奇、偶层组托图(4)

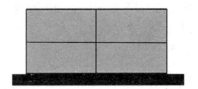

图 2-29　组托主视图(4)

2. 货位确定

如图 2-30 所示为各类商品库区货位存储示意图,将立白洗洁精、HP 微型计算机、DELL 微型计算机、HP 显示器按照表 2-6 摆放到货位上。应注意分区、分类存放货物。

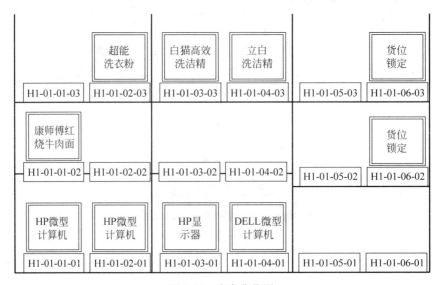

图 2-30　库存货位图

表 2-6　入库货物货位存放表

货 物 名 称	存 放 库 位
立白洗洁精	H1-01-04-03
HP 微型计算机	H1-01-02-01
DELL 微型计算机	H1-01-04-01
HP 显示器	H1-01-03-01

六、思考题

1. 单选题

(1) 在 Excel 2016 中,新建一个工作簿。选定任意工作表,再选定单元格 A4,然后输入"123456789123",确认后,得到的结果为(　　)。

　　A. 123456789123　　　B. 1.23457E+11　　　C. 1.23456E+11　　　D. 其他

(2) 在 Excel 的某工作表中选定一个连续的单元格区域,然后通过键盘和鼠标组合操作选择另一个连续单元格区域,所用按键是( )。
  A. Esc   B. Ctrl   C. Shift   D. Alt
(3) Excel 工作表的行、列坐标指定的位置是( )。
  A. 工作簿   B. 区域   C. 单元格地址   D. 工作表
(4) 打开"拼写检查"对话框的快捷键是( )。
  A. F1   B. Ctrl+F   C. Shift+F   D. F7
(5) 在 Excel 2016 中,不属于"设置单元格格式"对话框"数字"选项卡的内容是( )。
  A. 字体   B. 货币   C. 日期   D. 自定义

2. 多选题

(1) 对 Excel 单元格可以执行( )操作。
  A. 设置边框线   B. 拖动   C. 复制   D. 删除
(2) Excel 的视图方式有( )。
  A. 普通视图   B. 分页预览视图   C. 大纲视图   D. 页面布局
(3) 在执行查找、替换操作时,搜索区域可以指定为( )。
  A. 整个工作簿   B. 选定的工作表
  C. 当前选定的单元格区域   D. 以上全部正确
(4) 在 Excel 2016 中,对于移动和复制工作表的操作,下面正确的是( )。
  A. 工作表能移动到其他工作簿中   B. 工作表不能复制到其他工作簿中
  C. 工作表不能移动到其他工作簿中   D. 工作表能复制到其他工作簿中
(5) 在 Excel 2016 中,有关插入、删除工作表的阐述,正确的是( )。
  A. 单击"开始"菜单中可插入一张新的工作表
  B. 单击"开始"菜单中的"单元格"→"删除"→"删除工作表",可删除一张工作表
  C. 单击快捷菜单中的"删除"命令,可删除一张工作表
  D. 单击"编辑"菜单中的"删除工作表"命令,可删除一张工作表

3. 问答题

(1) 在对托盘进行组托上架设计以及摆放过程中应该考虑哪些问题?
(2) 现有一批货物需要入库,共计 536 箱,每箱货物包装规格为 460mm×260mm×252mm,堆码层限高 6 层,货架如图 2-9 所示,托盘尺寸为 1 200mm×1 000mm。请计算需要多少托盘?

任务三

物流从业人员求职信息设计

关键词：图形文件、表格。

学习目标：通过个人信息汇总形成求职信息表格，并熟练掌握图形文件的编辑处理。

一、物流知识说明

1. 物流行业特点

由于传统仓储运输企业操作水平低，人工作业、机械化作业普遍存在，这种劳动密集型的运作方式使企业对员工素质要求也较低，高中、中专、技校毕业即可胜任工作，大多数企业对具备专业知识的大学毕业生并不十分看好，它们需要的是具有几年甚至几十年工作经验的人，这在经济欠发达地区表现尤为突出，因此人员流动性比较大。这种情况下如何更好地设计个人求职信息显得更为重要。

2. 求职信息特点

个人求职信息最重要的问题在于两个方面：一方面是能体现你的求职优势；另一方面是符合招聘公司的招聘要求。

可以通过以下步骤写出一份好简历。

（1）明确你的求职意向，即明确你想从事什么职业。

（2）到网上看下这些职业的招聘要求，对照自己写你的特点或者以前的工作经历，或者将自己的特点列入一张表格中，避免连篇累牍。

（3）如果不知道自己的特点怎么填写也可以请朋友帮忙，尽可能多地说出自己的优点，注意不要是空话，而应该有具体事例和经历支撑，来说明自己具备的能力。

（4）再设计一份个人信息简历模板，对照里面的选项，把自己的资料信息填写进去。

二、操作任务

设计一张个人求职信息表，要求体现出个人的基本信息、兴趣爱好、业务能力等信息，另外要提供个人免冠照片，要求如下。

（1）尽可能体现出自身的特点及业务能力。

(2)所有信息简洁明了,集中于一页内。
(3)照片为小二寸免冠照片。

三、任务分析

本次任务要完成的是个人求职简历信息。看似比较简单,实则也不容易,主要集中在以下两个方面。

(1)既要了解自己,突出个人特点及能力,也要了解应聘岗位相关信息。从个人能力出发,应聘理货员、库管员、检验员、工艺员或者其他岗位。

(2)准备好本人的免冠照片。照片要干净利索,突出个人形象。了解照片相对应的尺寸,具备 Excel 图形文件处理能力。照片对应尺寸如表 3-1 所示。

表 3-1 照片对应尺寸

照片类型	尺寸/mm
1 英寸	25×35
2 英寸	35×45
3 英寸	54×82
结婚照	40×60
港澳通行证	33×48
护照	33×48
驾照	21×26

四、Excel 知识要点

本次任务用到的 Excel 知识涉及表格及图片文件进行操作。我们对表格已经不陌生,所以本次任务主要对图片文件进行相应的操作。

1. 插入图片文件

执行如图 3-1 中的菜单"插入"→"插图"→"图片"可以打开如图 3-2 所示的插入图片对话框,选择要插入的文件即可。插入图片后选定图片在"格式"菜单中可以调整图片尺寸、着色、样式、背景、旋转等操作。

图 3-1 插入菜单

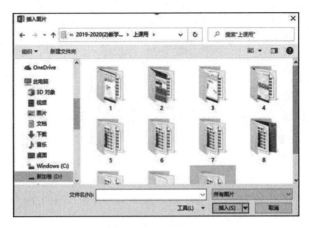

图3-2 插入图片对话框

2. 删除图片背景

选定图片或者双击图片进入"格式"菜单,执行"调整"→"删除背景"后弹出如图3-3所示的删除背景工具栏。图3-4为去除背景前后图片对比。工具栏内包含以下几项功能。

（1）标记要保留的区域:在图片内用画笔选择要保留的区域。
（2）标记要删除的区域:在图片内用画笔选择要删除的区域。
（3）删除标记:去除所有标记。
（4）放弃所有更改:还原为原图片。
（5）保留更改:确定图片修改。

图3-3 删除背景工具栏

图3-4 去除图片背景前后对比

3. 调整图片尺寸

调整图片尺寸有两种方式。无论如何,都要注意图片默认是锁定纵横比的,也就是说调整图片高和宽哪一个,另一个都会随之变化。如果要单独调整图片高或者宽的尺寸,可以在图 3-6 中去除"锁定纵横比"。

(1)直接选定图片调整。利用八个调整控点进行调整,如图 3-5 所示。

(2)可以精确指定图片尺寸。在如图 3-6 所示的图片高度和宽度尺寸中直接输入指定的数据。

图 3-5　图片调整控点

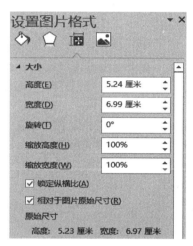

图 3-6　设置图片格式

4. 裁剪图片

双击图片即可看到"格式→大小→裁剪"选项,如图 3-7 所示。在这里可以对图片进行多种方式的裁剪。

图 3-7　图片裁剪

五、Excel 操作

1. 建立信息表

建立如表 3-2 所示的信息表,填入个人信息,对格式不满意也可以自行设定格式。

表 3-2 个人信息表

基本信息	姓名		性别		照片
	出生日期		政治面貌		
	籍贯		民族		
	现居住地		健康状况		
	专长		婚否		
	联系电话		电子邮箱		
	兴趣爱好				
求职意向					
学历信息	学校名称	学习时间		专业	
		开始	结束		
培训情况	培训内容	培训时间		证书情况	
工作简历	单位名称	时间		职务及岗位	
		起始	结束		
获奖经历	获奖时间		获奖内容		
自我评价					

2. 插入照片

在表格中插入个人照片,如图3-8所示,调整好大小后将其添加到单元格中。双击照片,在图3-9中"设置照片格式"→"大小与属性"选项中设置"大小和位置随单元格而变"。这样在调整表格大小时照片不会发生与单元格不匹配的情况。

图3-8　照片　　　　　　　图3-9　照片

3. 照片编辑

上面的照片显然上衣有些随意,不太适合,但是手边又没有穿正装的照片。这时如果有其他合适的服装图片,就可以利用Excel的图片处理功能进行替换。这里选择了一张如图3-10的照片。经过以下操作,与图3-8重新组合构造出一张新的图片。

(1) 更换背景,步骤如下。

① 选取保留服装区域。双击图3-8,然后选择"删除背景",默认效果如图3-11所示。

② 单击图3-3中"标记要保留的区域",然后用画笔选择图3-12所示的区域。

③ 单击图3-3中的"保留更改"后如图3-13所示。

④ 执行"开始"→"字体"→"填充颜色"将图3-13背景填充为红色,大小为高3.5cm、宽2.5cm,如图3-14所示。

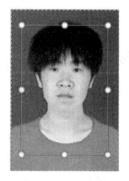
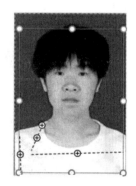

图3-10　照片　　　图3-11　去背景　　　图3-12　标记保留区域

图 3-13　去背景后　　　图 3-14　背景为红色

（2）照片人物换装，步骤如下。

① 获取服装。选择图 3-10 后，单击删除背景，如图 3-15 所示设置后，选择图 3-3 中"保留更改"，得到图 3-16。

② 获取头像。选择图 3-8，单击"删除"背景，再设置选取头像部分，如图 3-17 所示。然后选择"保留更改"，得到图 3-18。如果更换背景颜色，此时可以选择填充的颜色。

③ 将图 3-16 和图 3-17 组合叠加在一起，选取合适的大小和位置，然后组合在一起（或者复制后再粘贴做成一张图片），如图 3-19 所示，人物换装完毕。如图 3-20 所示为同时更换服装和背景颜色。

  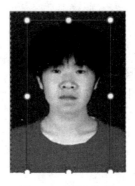 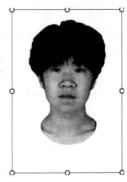

图 3-15　保留服装区域　　图 3-16　获取服装　　图 3-17　标记头像　　图 3-18　获取头像

图 3-19　换装完毕　　　图 3-20　换装和背景色

注意：设置好的图片可以按照上面的照片尺寸来设置，然后可以为图片加上白色边框。

六、思考题

1. 单选题

（1）在 Excel 中，将图片文件插入文档中，执行菜单为（　　）。
　　A. 设计→水印　　　B. 插入→图片　　　C. 插入→联机图片　　D. 插入→Smart

（2）在 Excel 中，增加图片长度后，图片宽度（　　）。
　　A. 增加　　　　　　B. 不变　　　　　　C. 减少　　　　　　D. 以上没有

（3）在 Excel 2016 中，如果要调整图片文件的大小，单击后会出现（　　）个方向的调整。
　　A. 4　　　　　　　B. 6　　　　　　　　C. 8　　　　　　　　D. 10

（4）在 Excel 2016 中，多次选择删除图片背景后恢复原图，应（　　）。
　　A. 删除背景→标记要保留的区域　　　　B. 删除背景→保留更改
　　C. 删除背景→放弃所有更改　　　　　　D. 删除背景→删除标记

（5）如果要将图片裁剪为矩形，执行操作菜单是（　　）。
　　A. 格式→排列→裁剪　　　　　　　　　B. 格式→排列→裁剪为形状→矩形
　　C. 格式→排列→纵横比　　　　　　　　D. 格式→排列→调整

2. 多选题

（1）在 Excel 2016 中，文件图片可以调整为（　　）。
　　A. 金属框架　　　　　　　　　　　　　B. 简单框架
　　C. 矩形投影　　　　　　　　　　　　　D. 柔化边缘矩形

（2）下列关于文件图片的效果有（　　）。
　　A. 发光　　　　　　B. 映像　　　　　　C. 阴影　　　　　　D. 三维

（3）在下列选项中，可以对图片进行的操作有（　　）。
　　A. 旋转　　　　　　B. 组合　　　　　　C. 裁剪　　　　　　D. 删除背景

（4）以下关于 Excel 2016 的图片旋转操作中正确的是（　　）。
　　A. 垂直旋转　　　　B. 水平旋转　　　　C. 任意角度旋转　　D. 不能旋转

（5）在 Excel 中，多个图片可以进行（　　）。
　　A. 顶端对齐　　　　B. 左对齐　　　　　C. 水平居中　　　　D. 右对齐

任务四

仓库选址设计图

关键词：自选图形、仓储选址。
学习目标：通过对仓库选址规划设计的处理，进一步熟悉和掌握 Excel 复杂图形的组合、合理布局等处理技巧，熟悉文本框、带圈字符等对象的使用方法。

一、物流知识说明

随着现代物流的快速发展，物流供应链中蕴藏的巨大潜力越来越受到人们的关注。物流中心是物流供应链中重要的枢纽之一。它是接受并处理下游用户的订货信息，对上游供应方的大批量货物进行集中储存、加工等作业，并向下游批量转运的设施和机构。

1. 仓库选址的含义

仓库选址是指在一个具有若干供应点及若干需求点的经济区域内选择适当的位置，设置仓库的规划过程。应当运用科学的方法决定仓库的地理位置，使之与企业的整体经营运作系统有机结合，以便有效、经济地达到企业的经营目的。如图 4-1 所示为仓库示意图。

图 4-1 仓库示意图

2. 仓库选址的原则

仓库选址应遵循适应性原则、协调性原则、经济性原则和战略性原则。

3. 仓库选址应考虑的因素

（1）地质条件：地质良好，有利于建仓库。

（2）水文条件：给水充足，又无水淹危害。

（3）水电供应条件：靠近电源，便利仓库作业。

（4）交通运输条件：交通便利，有利于商品运输。

（5）环境条件：仓库选址要注意所处的环境条件，特别要对安全条件进行详细的调查分析。

4. 仓库选址策略

（1）市场定位策略是指将仓库选在离最终用户最近的地方，常见于食品分销仓库的建设。其影响因素有运输成本、订货周期、产品敏感性、订货规模、当地运输的可获得性和要达到的客户服务水平。

（2）制造业定位策略是指将仓库选在接近产地的地方，以便集运制造商的产成品。其影响因素主要包括原材料的保存时间、产成品组合中的品种数、客户订购的产品种类和运输合并率。

（3）中间定位策略是指把仓库选在最终用户和制造商之间的中点位置。中间定位仓库的客户服务水平通常高于制造业定位的仓库，但低于市场定位的仓库。

5. 仓库选址的技术方法

（1）综合评分法是将各比较方案（备选仓库地址）的各种因素按规定的分数评判、给分，然后将得分汇总（加权汇总），得分最优的方案为最佳方案。

（2）重心法是利用费用函数求出仓库至顾客运输成本最小的地点。

6. 仓库选址的流程

仓库选址的流程如图 4-2 所示。

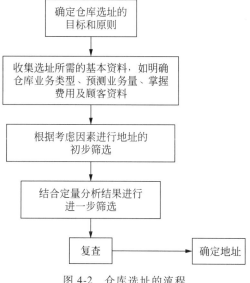

图 4-2　仓库选址的流程

二、操作任务

天津某汽车制造企业需要多家、多地区的供应商供给零部件,这些供应商主要来自长春、上海、天津及日本。现在要围绕生产商建立多家零部件供应仓库(见图4-3),请用Excel设计仓库模拟图。

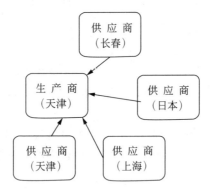

图 4-3　汽车生产商及零部件供应商地域分布图

三、任务分析

如图4-4所示为仓库与主机厂分布图。由于零部件供应商比较多,也比较分散,所处地域不同,并且各家供应的零部件各不相同,所以针对不同零部件供应商,必须在汽车制造商周边建立若干仓库,负责接收各地配送来的零部件,对零部件进一步分类整理后进行二次配送。具体分布情况如下所述。

(1) 设立北方零部件接收仓库:负责接收东北三省的零部件。
(2) 设立天津本地仓库:负责接收本地供应商的零部件。
(3) 设立上海地区仓库:负责接收上海地区供应商的零部件。
(4) 设立进口零部件仓库:负责接收海外进口零部件。
(5) 在生产商附近设立仓库:负责应急零部件配送,以保证生产顺利进行。

四、Excel 知识要点

针对本次任务,绘制出来的图形比较复杂和烦琐(见图4-5),制图过程中涉及多种自选图形,用到各种 Excel 图形、文字处理技术。下面介绍各知识点。

(1) 形状图形包括文本框(横向文本框、纵向文本框)、任意多边形、各类箭头(一般箭头、肘形箭头、上箭头等)、自由曲线等。
(2) 自选图片加载,如图4-6所示。
(3) 各类图形、图片的组合和分解处理。

任务四 仓库选址设计图

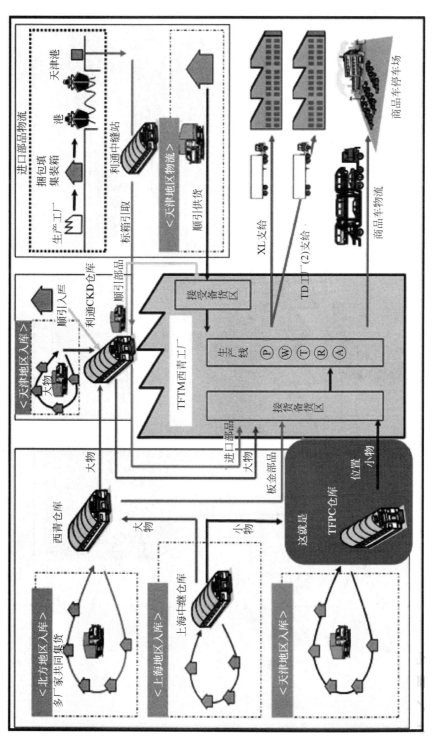

图 4-4 仓库与主机厂分布图

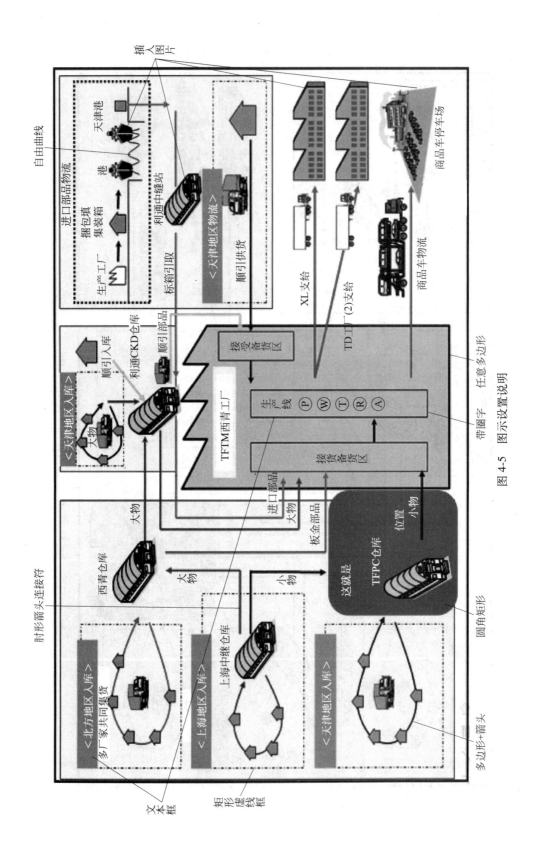

图 4-5 图示设置说明

（4）各类颜色选择包括前景字体颜色、图形背景颜色、图形边缘颜色。

（5）插入图片和自选图形。通过"插入"菜单可以插入外置图片、剪贴画、形状、SmartArt 等图形。对于插入的图形，可以任意调整尺寸、边缘线条颜色及填充色。

图 4-6　"插图"菜单项

（6）图片组合。在 Excel 中，可以把添加的图形、图片、形状等元素组合成一个整体，也可以组合以后解除组合。

① 选择多组合元素：按住 Ctrl 键，然后用鼠标依次单击要组合的元素，放开 Ctrl 键后，再右击弹出如图 4-7 所示的菜单，选择"组合"→"组合"，执行命令后所有选中的元素组合成一个整体，如图 4-8 所示。

图 4-7　"组合"快捷菜单

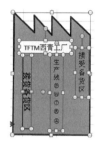

图 4-8　图片组合

② 取消组合：右击要取消的组合体，然后选择"组合"→"取消组合"命令执行。

（7）调整图片位置。选择要调整的图形，右击后弹出快捷菜单。选择"叠放次序"，调整图片叠加的次序，可以向上移动，也可以向下移动。

五、Excel 操作

（1）在网上查找相关设计图片和元素，以便设计过程中使用。可以查找图片、仓库、车辆（商品运输车、箱车）、轮船等。

（2）打开文件"仓库布局.xlsx"，在仓库布局图里看到仓库的选址与设计图。

（3）首先插入一个矩形框（11.5cm×18.5cm）作为画布，再插入矩形框（3.3cm×4cm）进行区域分割，并将矩形框边框设置为点画线（宽度 1.5 磅），将整个工作表合理布局，划分区域，如图 4-9 所示。

（4）画任意多边形：执行"插入"→"形状"→"任意多边形"后，先确定起点，然后顺次画出如图 4-9 所示锯齿形状图形。图形绘制完成回到起点后，双击完成。

（5）完成局部图片的组合。

① 插入货运汽车图片。

② 选择曲线，围绕汽车画出图形。

③ 右击曲线，执行"设置形状格式"→"线条"→"箭头前端类型"命令，设置箭头。

④ 选择所有图形元素组合,构成完整的图片,如图4-10所示。

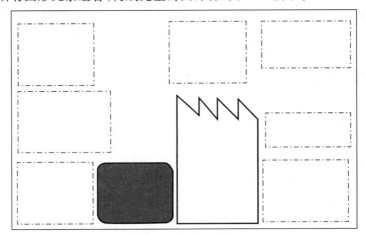

图4-9 画布布局图

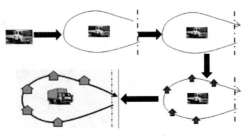

图4-10 图片组合

(6) 完成"北方地区入库"图形。

① 添加文本框,线条颜色设置为"无线条",填充色设置为"绿色"①,添加文字"<北方地区入库>"。

② 添加文本框,线条颜色设置为"无线条",填充色设置为"无填充",添加文字"多厂家共同集货"并设置为"褐色",如图4-11所示。

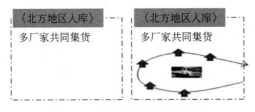

图4-11 "北方地区入库"图形

③ 将图4-10中组合后图形加载到文本框中。
④ 将图4-11中所有图形元素组合。

---

① 由于本书是黑白印刷,书中图片并未体现颜色,读者可自己操作体验。

（7）完成"天津地区入库"图形。

① 添加文本框,线条颜色设置为"无线条",填充色设置为"绿色",添加文字"<天津地区入库>",如图4-12所示。

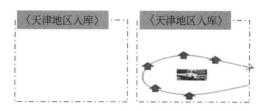

图4-12 "天津地区入库"图形

② 将图4-10中组合后图形加载到文本框中。

③ 将图4-12中所有图形元素组合。

（8）完成"上海地区入库"图形。

① 添加文本框,线条颜色设置为"无线条",填充色设置为"绿色",添加文字"<上海地区入库>",如图4-13所示。

② 将图4-10中组合后图形加载到文本框中。

③ 添加文本框,线条颜色设置为"无线条",填充色设置为"无填充",添加文字"上海中继仓库"并设置为"黑色"。

④ 在图4-13中指定位置插入货棚图片。

⑤ 将图4-13中所有图形元素组合。

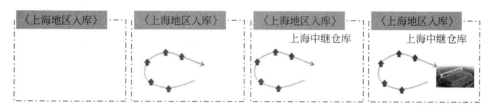

图4-13 "上海地区入库"图形

（9）画物流线。所有物流线可以使用箭头、肘形箭头或者肘形双箭头连接符来设置。

（10）完成"TFPC仓库"图形。

① 添加圆角矩形,填充色设置为"红色",字体设置为"白色粗体字",边线线条设置为"无",如图4-14所示。

图4-14 TFPC仓库处理

② 添加文字"TFPC 仓库"。

③ 添加文本框,分别输入文字"这就是""位置""小物"。

④ 加载左方向箭头并设置为黑色。

⑤ 在图 4-14 中指定位置插入仓库图片。

⑥ 将图 4-14 中所有图形元素组合。

(11) 完成"TFTM 西青工厂"图形。

① 添加任意多边形,边缘线条颜色设置为"黑色",填充色设置为"粉色",如图 4-15 所示。

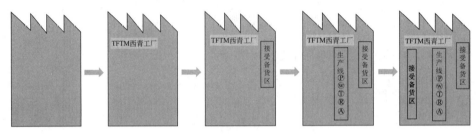

图 4-15 "TFTM 西青工厂"图形

② 添加横向文本框,线条颜色设置为"无",填充色设置为"黄色",添加文字"TFTM 西青工厂"。

③ 添加纵向文本框,线条颜色设置为"黑色",填充色设置为"无",添加文字"接受备货区"。

④ 添加纵向文本框,线条颜色设置为"黑色",填充色设置为"无",添加文字"生产线 ⓟⓌⓉⓇⒶ"。要输入带圈字母,选择菜单命令"插入"→"符号"→"字体"→"Arial Unicode MS",然后选择"子集"→"带括号的字母数字"。

⑤ 添加横向文本框,线条颜色设置为"黑色",填充色设置为"无",添加文字"接受备货区",文字设置为粗体字并居中,然后执行菜单"格式"→"排列"→"旋转"→"垂直排列"。

⑥ 将图 4-15 中所有图形元素组合。

(12) 完成"进口物流部"图形。

① 添加矩形框,设置线型为"圆点",颜色填充设置为"无",如图 4-16 所示。

图 4-16 "进口物流部"图形

② 添加三个文本框,分别输入"生产工厂""集装箱""天津港""捆包填""进口备品物流",填充色设置为"无"。

③ 用"任意多边形"图形代表"生产工厂"。

④ 用"上箭头"图形代表"集装箱"。
⑤ 插入轮船图片,并利用"自由曲线"图形画出海水。
⑥ 插入箭头,并相应地调整图形。
⑦ 将图 4-16 中所有图形元素组合。

六、思考题

1. 单选题

(1) 选择不连续的多张图形的操作是按(　　)。
　　A. Ctrl+鼠标左键　　　　　　　　B. Ctrl+鼠标右键
　　C. Shift+鼠标左键　　　　　　　 D. Alt+鼠标左键
(2) 要将一个已经插入的图形改变为其他形状,最快捷的菜单操作命令是(　　)。
　　A. 删除→重新添加　　　　　　　B. 编辑形状来改变
　　C. 编辑顶点来改变　　　　　　　D. 以上都不是
(3) "爆炸"图形属于(　　)。
　　A. 基本形状　　　B. 流程图　　　C. 星与旗帜　　　D. 标注
(4) 屏幕截图是 Excel(　　)版本新增加的功能。
　　A. 2003　　　　　B. 2007　　　　C. 97　　　　　　D. 2016
(5) 以下有关 Excel 2016 打印的说法错误的是(　　)。
　　A. 可以打印工作表　　　　　　　B. 可以打印图表
　　C. 可以打印图形　　　　　　　　D. 不可以进行任何打印

2. 多选题

(1) 在 Excel 2016 中可以插入(　　)数据。
　　A. 形状　　　　　B. 图片　　　　C. SmartArt 图形　D. 剪贴画
(2) 选择多张图片、图形后,可以对这些数据进行(　　)操作。
　　A. 组合　　　　　B. 置于顶层　　C. 计算　　　　　D. 下移一层
(3) 单击选择"插入"→"形状"后,可以插入(　　)图形。
　　A. 文本框　　　　B. 圆角矩形　　C. 流程图　　　　D. 云形标注
(4) 在插入的图形中可以输入文字的是(　　)。
　　A. 直线　　　　　B. 上箭头　　　C. 圆角矩形　　　D. 公式形状
(5) "粘贴选项"对话框有(　　)选项。
　　A. 全部　　　　　B. 值　　　　　C. 格式　　　　　D. 批注

任务五

仓储拣选作业计划分析

关键词：表格、批注、修订、拣选。

学习目标：通过对出库客户货物订单拣选顺序和方法的分析设计，利用多表数据合并计算功能，做好数据汇总，进一步掌握 Excel 表格的基本操作方法。

一、物流知识说明

拣选是按订单或出库单的要求，从储存场所拣出物品，并码放在指定场所的作业。

常用的拣选方式主要有三种：订单拣选、批量拣选和复合拣选。

1. 订单拣选

订单拣选是针对每一份订单，拣选作业员巡回于仓库内，按照订单拣选所列商品及数量，将客户所订购的商品逐一由仓库储位或其他作业区中取出，然后集中在一起的拣选方式，如图 5-1 所示。订单拣选又称"摘果式"拣选。

图 5-1　订单拣选

（1）订单拣选分类如下。

① 单人拣选：将一张订单由一个人从拣选开始到拣选结束全程负责。

② 分区接力拣选：将存储或拣选范围划分为几个区域，一张订单由各区人员采取前后接力的方式共同完成。

③ 分区汇总：将存储或拣选范围划分为几个区域，将一张订单拆成各区域所需的拣选单，再将各区域拣选的货物汇集在一起。

（2）订单拣选的适用范围。

① 客户不稳定，波动较大。

② 需求种类不多。

③ 需求之间差异较大。

④ 配送时间不一致。

（3）订单拣选的特点。订单拣选的准确度比较高，很少发生差错，而且机动灵活，可以随时调整订单拣选的次序，满足客户紧急需求，提高服务质量。

2. 批量拣选

批量拣选是将数张订单汇集在一起，将各订单内相同物品的订购数量汇总，一起拣选处理。批量拣选又称"播种式"拣选，拣选过程属于先"摘果"后"播种"。

（1）批量拣选分类如下。

① 按拣选单位划分：将同一种拣选单位的货物品种汇集在一起处理。

② 按配送区域/路径划分：将同一配送区域/路径的订单汇总，有利于完成货物共同配送。

③ 按流通加工需求划分：将需要加工处理或者需要相同流通加工处理的订单汇总在一起处理。

④ 按车辆需求划分：比如低温车、冷藏车、冷冻车及其他特殊车辆需求。

（2）批量拣选的适用范围。批量拣选比较适合用户稳定而且数量较多的专业性配送中心，需求数量可以有差异，配送时间要求不太严格，但货物品种共性要求较高。

（3）批量拣选的特点。批量拣选将各个客户的需求集中在一起进行处理，有利于拣选路线规划，减少不必要的重复行程，但是批量拣选计划性较强，规划难度较大，容易出现错误。

3. 复合拣选

复合拣选是指为克服订单拣选和批量拣选方式的不足，采取将订单拣选和批量拣选组合起来的拣选方式。

根据客户订单的品种、数量、出库频率等因素，确定哪些订单适合订单拣选，哪些订单适合批量拣选，分别采取不同的拣选方式处理。

二、操作任务

吉林信达配送中心接到华伟商贸有限公司、旺旺超市、万家乐超市、天天超市、家佳福超市、惠民超市的货物配送订单，配送地址分布如图 5-2 所示。请分析各客户订单特点。在不考虑送货时间的前提下，在拣选配货过程中应该如何处理？订单数据如图 5-3 ~ 图 5-8 所示。

图 5-2 任务图

订单编号：000001　　　　　　　　订单企业：旺旺超市　　　　　　　　日期：2021 年 5 月 19 日

企业名称	货品条码	货品名称	数量/箱	单价/(元·箱$^{-1}$)	重量/(kg·箱$^{-1}$)	外包装尺寸/mm
1	6921317905038	娃哈哈纯净水	20	24.00	20	200×360×270
2	6939261900108	亲亲薯片	18	196.00	6	330×245×280
3	6901521103123	老高头花生仁	15	172.00	10	275×215×200
4	6921200101103	旺旺饼干	24	486.00	12	320×220×320

图 5-3　旺旺超市订单

订单编号：000002　　　　　　　　订单企业：万家乐超市　　　　　　　日期：2021 年 5 月 19 日

企业名称	货品条码	货品名称	数量/箱	单价/(元·箱$^{-1}$)	重量/(kg·箱$^{-1}$)	外包装尺寸/mm
1	6921317905038	娃哈哈纯净水	15	24.00	20	200×360×270
2	6901521103123	老高头花生仁	25	172.00	10	275×215×200
3	6921200101103	旺旺饼干	20	486.00	12	320×220×320

图 5-4　万家乐超市订单

订单编号：000003　　　　　　　　订单企业：天天超市　　　　　　　　日期：2021 年 5 月 19 日

企业名称	货品条码	货品名称	数量/箱	单价/(元·箱$^{-1}$)	重量/(kg·箱$^{-1}$)	外包装尺寸/mm
1	6921317905038	娃哈哈纯净水	24	24.00	20	200×360×270
2	6939261900108	亲亲薯片	18	196.00	6	330×245×280
3	6901521103123	老高头花生仁	46	172.00	10	275×215×200

图 5-5　天天超市订单

订单编号：000004　　　　　　　　订单企业：家佳福超市　　　　　　　日期：2021 年 5 月 19 日

企业名称	货品条码	货品名称	数量/箱	单价/(元·箱$^{-1}$)	重量/(kg·箱$^{-1}$)	外包装尺寸/mm
1	6901521103123	老高头花生仁	50	172.00	10	275×215×200

图 5-6　家佳福超市订单

订单编号:000005　　　　　　　　订单企业:惠民超市　　　　　　　　日期:2021年5月19日

企业名称	货品条码	货品名称	数量/箱	单价/(元·箱⁻¹)	重量/(kg·箱⁻¹)	外包装尺寸/mm
1	6921317905038	娃哈哈纯净水	30	24.00	20	200×360×270
2	6939261900108	亲亲薯片	15	196.00	6	330×245×280
3	6921200101103	旺旺饼干	36	486.00	12	320×220×320

图 5-7　惠民超市订单

订单编号:000006　　　　　　　订单企业:华伟商贸有限公司　　　　　　日期:2021年5月19日

序号	货品条码	货品名称	数量/箱	单价/(元·箱⁻¹)	重量/(kg·箱⁻¹)	外包装尺寸/mm
1	4132002110354	HP 计算机	46	3 172.00	10	420×220×420
2	5841000101103	DELL 显示器	26	986.00	8	375×255×200
3	6921100369993	联想一体机	10	3 800.00	15	595×395×340

图 5-8　华伟商贸有限订单

三、任务分析

对于配送中心来说,一般货物在一个库区中,不管是以货架形式还是以货堆形式存放,都是按分区分类方式来存储,不同属性的货物必须存储在不同的仓库。因此,从订单来分析,食品类和电器类货物应该在不同仓库或者不同库区中存放,所以,华伟商贸有限公司的货物应该单独拣选和配送。

1. 按订单货物品种设计拣选方案

(1) 订单拣选。由于华伟商贸有限公司和其他企业所订货物完全不同,所以该公司的货物需要单独拣选,采用订单(摘果式)拣选方式。

(2) 批量拣选。由于旺旺超市、万家乐超市、天天超市、家佳福超市、惠民超市等几家企业的订单货物均有交叉,所以适合批量拣选(播种式)方式,再逐一进行分货。

2. 按订单配送路线设计拣选方案

按照客户货物配送距离,并且考虑货物品种设计拣选方案,如下所述。

(1) 订单拣选。由于华伟商贸有限公司和其他企业所订货物完全不同,因此需要按订单单独拣选。

(2) 批量拣选。由于万家乐超市、家佳福超市在配送中心西北方向,所以将这两个企业的订单合并拣选进行配送;惠民超市、旺旺超市、天天超市在配送中心东北或东南方向,所以将其订单合并拣选进行配送。

3. 订单合并

由于旺旺超市、万家乐超市、天天超市、家佳福超市、惠民超市的订单采用批量(播种式)拣选,所以需要统计这几家企业所订货物的汇总信息,将其订单合并,形成拣选单。

4. 拣选单

按照任务分析中提出的拣选方案设计拣选单,然后按照拣选单在指定货位拣货。

5. 分货单

对于批量拣选,货物按单拣选后,要按分货单进行分货。

四、Excel 知识要点

1. 表格处理

本次任务中需要生成多个表格,包括五个企业的货物订单、拣货单、分货单,涉及单元格合并,数据格式设置,数据的居中、段落显示方式,表格边框设置等操作。

2. 多表数据合并

数据合并是在 Excel 中经常用到的操作。如果有多个工作表数据,可以将每个工作表中的数据合并到一个主工作表中。这些工作表可以与主工作表在同一个工作簿中,也可以位于其他工作簿中。对数据进行合并计算就是组合数据,以便更容易地对数据进行定期或不定期的更新和汇总。

多表数据合并通过 Excel 提供的数据"合并计算"功能实现,也可以采用一般的数据计算方式,即连续引用同一工作表中或者不同工作表中的单元格地址,然后执行菜单命令,或引用函数 SUM 或者 SUMIF 进行统计合并。

3. 建立批注

对于 Excel 工作表,经常用到批注。批注可以对指定位置的数据操作做出提示说明,防止误操作。设置批注,首先要设定用户签名。

(1)建立个人签名。启动 Excel 2016 之后,执行菜单命令"文件"→"选项"→"常规"后,弹出如图 5-9 所示的对话框。在"用户名"输入框中直接输入要建立的用户名。确定后,该用户名出现在文档修改、批注等必须显示的位置。

(2)建立批注。选择要建立批注的单元格,在图 5-10 中单击"新建批注",即可建立批注。

图 5-9 设置用户名

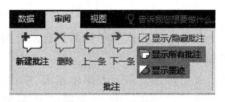

图 5-10 批注工具组

(3)撤销批注,步骤如下。

① 选择建立了批注的单元格。

② 执行菜单命令"审阅"→"批注"→"删除批注",该单元格的批注即可删除。

(4)批注的其他操作。对于批注,有多种操作方式,如下所述。

① 上一条、下一条:在批注之间跳转查看批注。

② 显示/隐藏批注：选择指定的批注后，点选此项后，将显示或者隐藏该批注。
③ 显示所有批注：点选该项，可以显示所有的批注；再次点选，将隐藏所有的批注。

4. 修订

（1）设置修订的具体步骤如下。

① 执行菜单命令"审阅"→"更改"→"修订"→"突出显示修订"后，弹出如图 5-11 所示的对话框，按提示设置后，显示修订的内容。关闭修订或停止共享工作簿时，所有修订历史记录被永久删除。

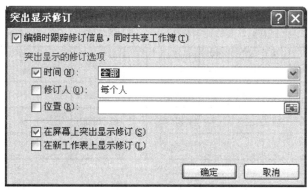

图 5-11　设置修订

② 设置"编辑时跟踪修订信息，同时共享工作簿"：选择此项后，跟踪被修改数据的变化过程；另外，共享此文档，方便其他用户访问数据。
③ 设置"时间"：查看修订记录起始时间，超出指定时间范围的数据修订被删除。
④ 设置"修订人"：查看指定用户的修订。
⑤ 设置"位置"：查看工作表特定单元格区域的修订。

（2）撤销修订。修订的内容可以接受，也可以拒绝。执行菜单命令"审阅"→"更改"→"修订"→接受或拒绝修订，确定后弹出对话框，如图 5-12 所示。如果拒绝修订，则恢复修订前的数据；如果接受修订，将显示新的数据。此时，修订标记消失。

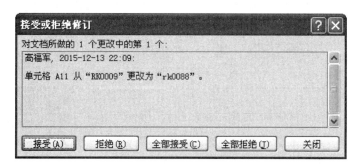

图 5-12　接受或拒绝修订

五、Excel 操作

1. 生成客户订单

新建 Excel 工作簿,将 Sheet1 工作表改名为"客户订单",将华伟商贸有限公司、旺旺超市、万家乐超市、天天超市、家佳福超市、惠民超市等客户的订单置于工作表的相应位置,在工作表指定位置设计订单表,如图 5-13 所示。

	A	B	C	D	E	F	G	H	I	J	K	L	M	N	O
1		订单编号:000001		订单企业:旺旺超市			日期:2021年5月19日		订单编号:000002		订单企业:万家乐超市			日期:2021年5月19日	
2-3	序号	货品条码	货品名称	数量/箱	单价/(元·箱⁻¹)	重量/(kg·箱⁻¹)	外包装尺寸/mm		序号	货品条码	货品名称	数量/箱	单价/(元·箱⁻¹)	重量/(kg·箱⁻¹)	外包装尺寸/mm
4	1	6921317905038	娃哈哈纯净水	20	24	20	200*360*270		1	6921317905038	娃哈哈纯净水	15	24	20	200*360*270
5	2	6939261900108	亲亲薯片	18	196	6	330*245*280		2	6901521103123	老高头花生仁	25	172	10	275*215*200
6	3	6901521103123	老高头花生仁	15	172	10	275*215*200		3	6921200101103	旺旺饼干	20	486	12	320*220*320
7	4	6921200101103	旺旺饼干	24	486	12	320*220*320								
8		订单编号:000003		订单企业:天天超市			日期:2021年5月19日		订单编号:000004		订单企业:家佳福超市			日期:2021年5月19日	
9-10	序号	货品条码	货品名称	数量/箱	单价/(元·箱⁻¹)	重量/(kg·箱⁻¹)	外包装尺寸/mm		序号	货品条码	货品名称	数量/箱	单价/(元·箱⁻¹)	重量/(kg·箱⁻¹)	外包装尺寸/mm
11	1	6921317905038	娃哈哈纯净水	24	24	20	200*360*270		1	6901521103123	老高头花生仁	50	172	10	275*215*200
12	2	6939261900108	亲亲薯片	18	196	6	330*245*280								
13	3	6901521103123	老高头花生仁	46	172	10	275*215*200								
14		订单编号:000005		订单企业:惠民超市			日期:2021年5月19日		订单编号:000006		订单企业:华伟商贸有限公司			日期:2021年5月19日	
15-16	序号	货品条码	货品名称	数量/箱	单价/(元·箱⁻¹)	重量/(kg·箱⁻¹)	外包装尺寸/mm		序号	货品条码	货品名称	数量/箱	单价/(元·箱⁻¹)	重量/(kg·箱⁻¹)	外包装尺寸/mm
17	1	6921317905038	娃哈哈纯净水	30	24	20	200*360*270		1	4132002110354	HP计算机	46	3 172	10	420*220*420
18	2	6939261900108	亲亲薯片	15	196	6	330*245*280		2	5841000101103	DELL显示器	26	986	8	375*255*200
19	3	6921200101103	旺旺饼干	36	486	12	320*220*320		3	6921100369993	联想一体机	10	3 800	15	595*395*340

图 5-13　客户订单

2. 合并订单

由于订单 000001～000005 的商品属性相同,所以将这几份订单在"客户订单"工作表中进行多表数据合并,生成如图 5-14 所示的货物合并数据。

(1) 将工作表 Sheet2 更名为"合并计算",将鼠标定位在 A1 单元格,然后执行菜单命令"数据"→"数据工具"→"合并计算"。

	A	B
1	货品名称	数量/箱
6	娃哈哈纯净水	89
10	亲亲薯片	51
15	老高头花生仁	136
19	旺旺饼干	80

图 5-14　合并后的数据

（2）在"合并计算"对话框中的"引用位置"处，依次选择订单000001～000005指定区域，添加到"所有引用位置"里。

① 订单000001：引用位置为"客户订单！＄C＄2：＄D＄7"。
② 订单000002：引用位置为"客户订单！＄K＄2：＄L＄6"。
③ 订单000003：引用位置为"客户订单！＄C＄9：＄D＄13"。
④ 订单000004：引用位置为"客户订单！＄K＄9：＄L＄11"。
⑤ 订单000005：引用位置为"客户订单！＄C＄15：＄D＄19"。

（3）勾选"标签位置"内的"首行""首列"，单击"确定"按钮，即得到如图5-14所示的表格。

3. 拣选单

将工作表Sheet3改名为"拣选单"，在其中分别建立订单拣选单JX0001和批量拣选单JX0002，如图5-15和图5-16所示。

（1）为拣选单JX0001建立批注说明。选择"编号："单元格，建立批注为"此拣选为播种式拣选方式，每类货物分别拣选。注意，货架号码要准确"。

（2）为拣选单JX0002建立批注说明。选择"编号："单元格，建立批注为"此拣选为摘果式拣选方式，订单货物需一次拣选完成。注意，货架号码要准确"。

编号：JX0001　　　　　　　　拣选人：马野　　　　　　　　时间：2021年6月2日

序号	货品条码	货品名称	单位	货位号	数量
1	6921317905038	娃哈哈纯净水	箱	H1-01-02-03	89
2	6939261900108	亲亲薯片	箱	H1-01-06-01	51
3	6901521103123	老高头花生仁	箱	H1-01-01-01	136
4	6921200101103	旺旺饼干	箱	H1-01-03-01	80

图5-15　货物拣选单JX0001

编号：JX0002　　　　　　　　拣选人：石佳楠　　　　　　　时间：2021年6月2日

序号	货品条码	货品名称	单位	货位号	数量
1	4132002110354	HP计算机	箱	H2-01-02-03	46
1	5841000101103	DELL显示器	箱	H2-01-02-03	26
1	6921100369993	联想一体机	箱	H2-01-02-03	10

图5-16　货物拣选单JX0002

4. 分货单

新增工作表Sheet并将其改名为"分货单"，在其中分别建立订单拣选分货单FH0001和批量拣选分货单FH0002，如图5-17和图5-18所示。

（1）为分货单FH0001建立批注。选择"货品条码"单元格，建立批注"分货的时候，要看清客户月台标识，依次将货物按客户需求量播种到对应的月台"。

（2）为分货单JX0002建立批注。选择"货品条码"单元格，建立批注"分货的时候，所有货物一次摆放到对应客户月台，摆放要整齐，按要求正确摆放"。

分货单:FH0001　　　　　　　　　　　　　　　　　　　　　　　分货日期:2021年6月2日

序号	货品条码	货品名称	单位	公司名称				
				旺旺超市	天天超市	家佳福超市	万家乐超市	惠民超市
1	6921317905038	娃哈哈纯净水	箱	20	24		15	30
2	6939261900108	亲亲薯片	箱	18	18			15
3	6901521103123	老高头花生仁	箱	15	46	50	25	
4	6921200101103	旺旺饼干	箱	24			20	36
		月台编码		1	2	3	4	5

图 5-17　分货单 FH0001

分货单:FH0002　　　　　　　　　　　　　　　　　　　　　　　分货日期:2021年6月2日

序号	货品条码	货品名称	单位	公司名称
				华伟商贸有限公司
1	4132002110354	HP 计算机	箱	46
2	5841000101103	DELL 显示器	箱	26
3	6921100369993	联想一体机	箱	10
		月台编码		6

图 5-18　分货单 FH0002

5. 按照配送路线设置拣选单

（1）万家乐超市、家佳福超市拣选单。通过分析万家乐超市和家佳福超市的货物,将两家客户的货物合并拣选,形成拣选单 JX0003 和分货单 FH0003,如图 5-19 和图 5-20 所示。

编号:JX0003　　　　　　　　　拣选人:马野　　　　　　　　　时间:2021年6月2日

序号	货品条码	货品名称	单位	货位号	数量
1	6921317905038	娃哈哈纯净水	箱	H1-01-02-03	15
2	6901521103123	老高头花生仁	箱	H1-01-01-01	50
3	6921200101103	旺旺饼干	箱	H1-01-03-01	20

图 5-19　货物拣选单 JX0003

分货单:FH0003　　　　　　　　　　　　　　　　　　　　　　　分货日期:2021年6月2日

序号	企业名称	货品名称					月台
		单位	娃哈哈纯净水	亲亲薯片	老高头花生仁	旺旺饼干	
1	家佳福超市	箱			50		3
2	万家乐超市	箱	15		25	20	4
	合计		15		75	20	

图 5-20　分货单 FH0003

（2）惠民超市、旺旺超市、天天超市合并拣选单。通过分析惠民超市、旺旺超市、天天超市的货物订单,将三家客户的货物合并拣选,形成拣选单 JX0004 和分货单 FH0004,如图 5-21 和图 5-22 所示。

编号：JX0004　　　　　　　　　拣选人：石佳楠　　　　　　　　时间：2021 年 6 月 2 日

序号	货品条码	货品名称	单位	货 位 号	数量
1	6921317905038	娃哈哈纯净水	箱	H1-01-02-03	74
2	6939261900108	亲亲薯片	箱	H1-01-06-01	51
3	6901521103123	老高头花生仁	箱	H1-01-01-01	61
4	6921200101103	旺旺饼干	箱	H1-01-03-01	60

图 5-21　货物拣选单 JX0004

分货单：FH0004　　　　　　　　　　　　　　　　　　　　分货日期：2021 年 6 月 2 日

序号	企业名称	货品名称					月台
		单位	娃哈哈纯净水	亲亲薯片	老高头花生仁	旺旺饼干	
1	旺旺超市	箱	20	18	15	24	1
2	天天超市	箱	24	18	46		2
3	惠民超市	箱	30	15		36	5
	合计	箱	74	51	61	60	

图 5-22　分货单 FH0004

6. 月台理货

将货物送至客户月台进行理货，完成拣选。

六、思考题

1. 单选题

（1）在 Excel 2016 中，仅把某单元格的批注复制到其他单元格中，方法是（　　）。

　　A. 复制原单元格，到目标单元格执行粘贴命令

　　B. 复制原单元格，到目标单元格执行选择性粘贴命令

　　C. 使用格式刷

　　D. 将两个单元格链接起来

（2）在 Excel 2016 中，为了以后查看工作表时了解某些重要单元格的含义，可以给其添加（　　）。

　　A. 批注　　　　　　B. 公式　　　　　　C. 特殊符号　　　　　　D. 颜色标记

（3）在 Excel 2016 中，右击单元格后出现的"清除内容"命令的作用是（　　）。

　　A. 删除单元格的修订　　　　　　B. 删除单元格的批注

　　C. 删除单元格的格式　　　　　　D. 仅删除单元格的内容

（4）在 Excel 2016 中，如果要修改其他人的文档并做标识，应执行的操作是（　　）。

　　A. 函数　　　　　　B. 公式　　　　　　C. 修订　　　　　　D. 删除

（5）在 Excel 2016 中，有效、及时地了解某些数据作用的有效操作是（　　）。

　　A. 批注　　　　　　B. 特殊符号　　　　　　C. 公式　　　　　　D. 颜色标记

2. 多选题

(1) "合并计算"包含(　　)计算方法。
　　A. 求和　　　　B. 最大值　　　　C. 方差　　　　D. 计数

(2) "合并计算"可以引用(　　)的单元格数据。
　　A. 本表内数据　　　　　　　　B. 其他工作簿数据
　　C. 其他工作表数据　　　　　　D. Word 文档

(3) 启用"修订"操作后,可以跟踪修订的方式有(　　)。
　　A. 用户　　　　B. 时间　　　　C. 位置　　　　D. 都不是

(4) 绘制表格时,选择多个单元格后可以执行(　　)操作。
　　A. 合并　　　　B. 拆分　　　　C. 设置背景　　　　D. 删除

(5) Excel 的三个重要概念是(　　)。
　　A. 工作簿　　　　B. 工作表　　　　C. 单元格　　　　D. 表格

3. 修订练习

两个人完成任务后互相修改对方的方案。开启修订模式,挑选出问题进行修改,然后交换文件,确认修订。

任务六

商品库存管理 ABC 分类法

关键词：排序、合并计算、数据格式设置。

学习目标：通过对库存物品 ABC 分类，掌握 Excel 的数据排序功能及大量数据合并计算功能。

一、物流知识说明

1. ABC 分类法

由中华人民共和国国家标准《物流术语》(GB/T 18356—2021)可知，ABC 分类法是指将库存物品按照设定的分类标准和要求分为特别重要的库存(A 类)、一般重要的库存(B 类)和不重要的库存(C 类)三个等级，然后针对不同等级分别进行控制的管理方法。

2. ABC 分类法的起源

ABC 分类法又称帕雷托分析法，也叫主次因素分析法，由意大利经济学家帕雷托于1879 年首创，是项目管理中常用的一种方法。它是根据事物在技术或经济方面的主要特征进行分类排队，分清重点和一般，从而有区别地确定管理方式的一种分析方法。帕雷托分析法被不断应用于管理的各个方面。1951 年，管理学家戴克(H. F. Dickie)将其应用于库存管理，由于它把被分析对象分成 A、B、C 三类，所以将其命名为 ABC 分类法。

3. ABC 分类法的优缺点

ABC 分类法的作用包括压缩库存总量、释放占压资金、库存合理化与节约管理投入等，其优点是明显的。它把"重要的少数"与"不重要的多数"区别开来，使企业将工作重点放在管理重要的少数库存品上，既加强了管理，又节约了成本。但是，这种方法忽视了 C 类和 B 类库存品对企业的影响，某些 C 类和 B 类库存品缺乏，也会对企业生产造成严重影响，甚至导致整个装配线停工待料。

4. 库存 ABC 分类法的管理方式

库存分类的目的是按利用价值区别对待存货单元，以便采用不同的策略来控制库存，管理方式如表 6-1 所示。一般地，对于高价值 A 类物料，应集中力量进行控制，以减少库存；对于低价值物料，如 C 类物料，应维持较大库存，以避免缺货。

表 6-1 ABC 库存管理方式

分类项目	A	B	C
价值	高	中	低
管理要点	将库存压缩到最低水平	库存控制有时可严些,有时可松些	集中大量订货,以较高库存来节约订货费用
订货量	少	较多	多
订购量计算方法	按经济批量计算	按过去的记录	按经验估算
定额综合程度	按品种或规格	按大类品种	按总金额
检查库存情况	经常检查	一般检查	季度或年度检查
进出统计	详细统计	一般统计	按金额统计
保险储备量	低	较大	允许较高
控制程度	严格控制	一般控制	控制总金额
控制系统	连续型库存观测系统	综合控制法,或连续、定期法	定期型库存观测系统

ABC 分类法简单易行,有助于分析和控制重点物料,但是存在以下不足。

(1) 判别的标准不全面。仅仅根据品种、金额的多少难以科学分类。例如有些备件或比较重要的物料,尽管占用金额不高,但对生产影响大,且采购周期较长,也应将其归为 A 类物料。然而,如果按照一般 ABC 分类法,这类物料也许被归为 B 类或 C 类,因此,ABC 的划分不仅取决于品种和金额大小,还应考虑物料的重要性以及采购周期的长短等。只有综合考虑多种因素,才能合理地区分类别。

(2) 一般分类法只是一种粗略的区别。因为物料品种很多,一次划分难以合理,也不易控制,所以,需要有更细、更具体、更有针对性的划分办法。

(3) 分类标准过于单一。ABC 分类法主要按库存物品所占资金数量进行分类,没有考虑采购难易程度、采购提前期、供方垄断及生产依赖性等因素,具有一定的片面性。

5. ABC 分类法的实施步骤

ABC 分类法的实施,需要企业各部门协调与配合,并且要求库存品各种数据完整、准确,其主要实施步骤如下所述。

(1) 收集数据。在对库存品分类之前,要收集有关库存品的年需求量、单价以及重要程度信息。这些信息可以从企业的车间、采购部、财务部以及仓库管理部门获得。

(2) 处理数据。利用收集到的年需求量、单价数据,计算各种库存品的年耗用金额。

(3) 编制 ABC 分析表。把各种库存品按照年耗用金额从大到小的顺序排列,并计算累计百分比。

(4) 确定分类。按照 ABC 分类法的基本原理,对库存品分类。一般说来,各种库存品所占实际比例由企业根据需要确定,没有统一的标准。

在本任务中,根据出库量制定的 ABC 分类标准如表 6-2 所示。

表 6-2　ABC 分类标准

分类	占总库存品种数	占总出库金额
A 类库存	10%～ 25%	60%～ 80%
B 类库存	10%～ 20%	10%～ 20%
C 类库存	50%～ 70 %	5%～ 10%

(5) 绘制 ABC 分类图。把库存商品数量与资金分类情况在曲线图上表示出来，如图 6-1 所示。

图 6-1　ABC 分类图

二、操作任务

如图 6-2 所示是某仓库 2020 年 12 月至 2021 年 5 月的 6 个月库存商品的出库量，根据该报表，采用 ABC 分类法，划分这一时期的库存商品。

出库作业月报汇总（物动量统计）

制表人：填写自己名字　制表时间：2021年5月31日

货品编码/条码	货品名称	出库量 / 箱
6911989331808	联想便携式计算机	288
6902563688999	奥利奥夹心饼干	1 137
6901424333948	王老吉凉茶	3 170
6932010061860	金谷精品杂粮营养粥	99
6922266437342	戴尔台式计算机	1 074
6932010061914	雅比沙拉酱	228
6921200101102	解放车灯	899
6921317905038	联想一体机	791
6939261900108	蒙牛牛奶	4 011
6901521103123	广泽搅拌型酸牛奶	2 072
6920907800173	休闲黑瓜子	435
6920226613033	精灵鼠标	150
6921100369990	戴尔显示器	197
6920380201108	创意记事本	221
6922100321100	罗技键盘	586
6925011022012	喜洋洋背包	626
6922654700112	红牛方便面	294

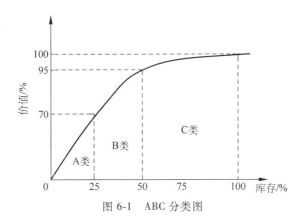

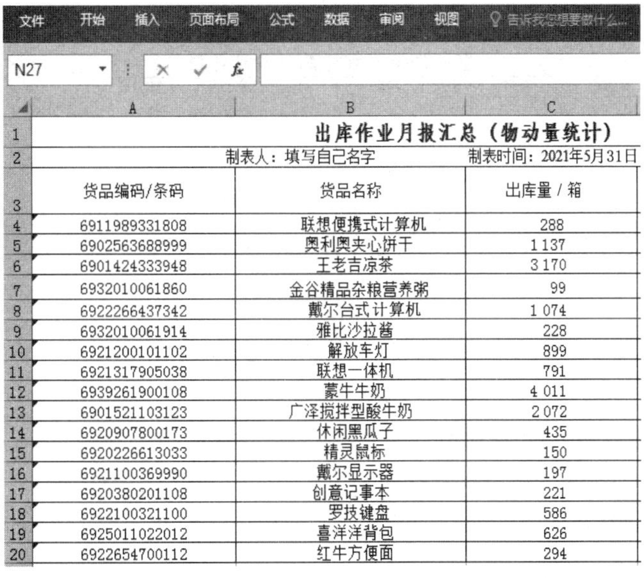

图 6-2　物动量月报数据表

三、任务分析

本任务中,根据出库量进行 ABC 分类法的标准如下。

(1) A 类:出库量 70%。

(2) B 类:出库量 20%。

(3) C 类:出库量 10%。

本任务中采用两种方法统计数据。第一种方法是利用 Excel 报表合并计算功能进行数据汇总统计;第二种方法是对数据排序后进行汇总。不管采用哪种方法,都是要将各月报表汇总为所有产品的出库报表,再按照物动量依据 ABC 分类标准来完成统计计算。

对于 ABC 分类法划分库存商品,可以采用传统的资金以及库存量相结合的标准完成分类,也可以按单一的物动量指标进行划分,在实际工作中具体问题应具体对待。

四、Excel 知识要点

1. 数据排序

排序是将无序的数据或指定名称序列的数据按照升序或者降序排列,有利于数据查找和操作。在数据汇总过程中经常需要将数据排序。排序工具组窗口如图 6-3 所示。

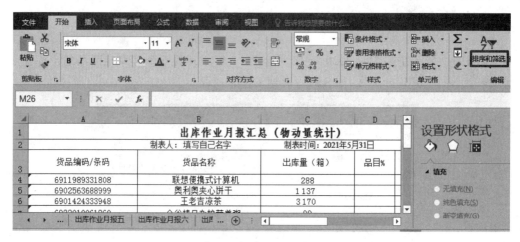

图 6-3 排序工具组窗口

2. 合并计算

在实际工作中,人们经常会利用 Excel 表格完成数据的统计工作,当表格数据太多时,要不停地切换表格进行统计。这样做很烦琐,而且容易出错。那么,有没有方便、快捷的方法呢? Excel 2016 提供了合并计算功能,如图 6-4 所示,可以把多个格式相同的表格数据合并计算。

图 6-4 中各选项说明如下。

（1）函数：说明合并计算的方式，如求和、计数、求平均值等。

（2）引用位置：要合并的表格的区域。一般选择整个区域，不支持不连续区域选择。选择后，可以添加到引用的位置，也可以剔除。

（3）标签位置：可以指定首行或者最左列作为标签。

（4）创建指向源数据的链接：可以同步更新引用的数据，但在同一工作表中合并数据不允许链接。

图 6-4　合并计算

合并计算时要注意，同一货物的名称必须一致，不能多空格、少空格，否则将当作两种商品来统计。

3. 公式引用

在 Excel 2016 中，可以利用公式（见图 6-5）对单元格的数据进行求和（SUM），求平均值（AVERAGE）、最大值（MAX）、最小值（MIN）、计数（COUNT）及其他操作。在公式里可以引用 Excel 2016 允许的函数。公式中引用单元格地址分为绝对地址引用和相对地址引用。

图 6-5　公式引用

对于绝对地址，在引用过程中，公式中的行或者列地址前都有"＄"符号，如＄A＄12 表示列和行地址都是绝对引用、A＄12 表示行地址是绝对引用、＄A12 表示列地址是绝对引用，采用绝对地址引用，在公式计算过程中始终保持引用的单元格数据不变。

对于相对地址引用，地址前无"＄"符号，如 A12 表示列和行地址都是相对引用。对于相对地址引用，在单元格拖动填充的过程中，公式内引用的地址会发生变化。

4. 数据格式设置

选定指定范围的单元格后右击，在弹出的快捷菜单中选择"设置单元格格式"，弹出如图 6-6 所示的窗口。单击打开"数字"选项卡，可对数据进行不同格式的处理。

图 6-6　设置单元格格式

五、Excel 操作

根据出库量实现 ABC 分类，需要汇总各月出库数据，可以采用合并计算方法，也可以采用排序的方法。

1. 报表汇总

（1）合并计算汇总数据报表。此方法是针对工作表 Sheet 3 的操作，不需要各月详细数据，可以直接执行合并计算。Excel 合并计算工具如图 6-7 所示。

图 6-7　合并计算工具

① 打开"出库月报.xlsx"文件，将工作表 Sheet 3 更名为"商品出库物动量合并汇总"。
② 将光标定位在 A1 单元格，然后在如图 6-3 所示窗口中选择菜单命令"数据"→"数

据工具"→"合并计算",弹出"合并计算"窗口,如图6-4所示。
③ 在图6-4中完成如下设置。
- "函数"项后选择"求和"。
- 在"引用位置"项首先添加"出库作业月报一"中的数据,然后单击"添加"按钮,将该数据添加到"所有引用位置"区域内,如图6-8所示。

图6-8 合并计算窗口

- 依次添加"出库作业月报二"至"出库作业月报六"到图6-8中"所有引用位置"区域内,然后在"标签位置"框中勾选"首行"和"最左列",如图6-9所示。
- 单击"确定"按钮,可以看到如图6-10所示的结果。在表格中,将相同编码的数据进行了求和汇总。这里,"货品名称"是字符,所以汇总之后无数据。

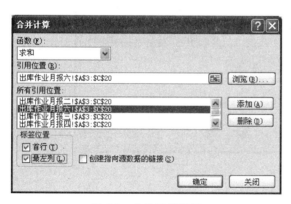

图6-9 合并计算设置　　　图6-10 合并计算结果

- 参照图6-2所示报表设置货物编码和名称,调整、完善后,表格如图6-11所示。
- 将图6-11中所示报表的数据以"出库量"为关键字降序排列。

对于合并计算来说,不需要在计算前对数据排序,选定相应区域的数据即可,但是合并之后要调整格式。另外,对于求和来说,字符型数据无法得出结果,其他如计数等统计计算可以得到相应的结果。

（2）排序统计数据汇总。这是第二种月报数据汇总方式,是针对"出库月报汇总表"工作表的操作。

① 数据排序。月报表内的商品数据是无序的,所以首先将各月报表按"货品编码/条码"排序,如图6-12所示。下面以工作表"出库作业月报一"为例,说明排序过程。

出库作业月报汇总（物动量统计）

制表人：填写自己名字　　　制表时间：2021年5月31日

货品编码/条码	货品名称	出库量/箱	品目/%	物动量/%	累计物动量/%	分类
6901424333948	蒙牛牛奶	4 528				
6901521103123	王老吉凉茶	3 590				
6902563688999	广泽搅拌型酸牛奶	2 272				
6911989331808	奥利奥夹心饼干	1 187				
6920226613033	戴尔台式计算机	1 156				
6920380201108	解放车灯	1 053				
6920907800173	联想一体机	1 021				
6921100369990	红牛方便面	672				
6921200101102	休闲黑瓜子	662				
6921317905038	罗技键盘	586				
6922100321100	联想便携式计算机	385				
6922266437342	喜洋洋背包	334				
6922654700112	创意记事本	318				
6925011022012	雅比沙拉酱	271				
6932010061860	戴尔显示器	260				
6932010061914	精灵鼠标	177				
6939261900108	金谷精品杂粮营养粥	159				

图 6-11　调整之后的月报汇总

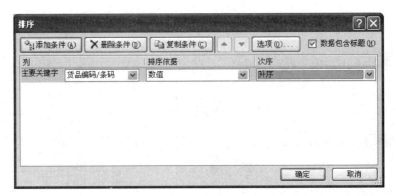

图 6-12　排序设置

- 选择图 6-2 所示"出库作业月报一"中的数据，包括每列标题，如图 6-13 所示。
- 按照图 6-12 中的设置，Excel 自动以第一列"货品编码/条码"的数据按照由小到大的升序排列，其他列的数据同步随之调整位置。排序后的结果如图 6-14 所示。
- 将工作表"出库作业月报二"至"出库作业月报六"按照上一步骤同样排序，然后将各报表数据对应填写到如图 6-16 所示表格中。
- 计算图 6-16 所示报表中的"累计物动量"，统计每种货物的各月出库量总和，然后以"累计物动量"为关键字，降序排列。

② 报表合并计算。

- 在文件"出库月报.xlsx"中插入 Excel 工作表，更名为"商品出库物动量排序汇总"，并设置表头，如图 6-15 所示。
- 将"出库作业月报二"至"出库作业月报六"中的所有商品的出库量都复制到图 6-15 所示的表格中，形成如图 6-16 所示的数据汇总表。

A	B	C
出库作业月报一（物动量统计）		
制表人：填写自己名字	制表时间：2020年12月31日	
货品编码/条码	货品名称	出库量/箱
6911989331808	联想便携式计算机	60
6921317905038	联想一体机	150
6939261900108	蒙牛牛奶	900
6901521103123	广泽搅拌型酸牛奶	146
6920907800173	休闲黑瓜子	122
6932010061914	雅比沙拉酱	88
6902563688999	奥利奥夹心饼干	475
6901424333948	王老吉凉茶	720
6932010061860	金谷精品杂粮营养粥	0
6921200101102	解放车灯	80
6922100321100	罗技键盘	400
6925011022012	红牛方便面	397
6922266437342	戴尔台式计算机	342
6922654700112	喜洋洋背包	100
6920226613033	精灵鼠标	30
6921100369990	戴尔显示器	37
6920380201108	创意记事本	21

图 6-13　选择排序数据

A	B	C
出库作业月报一（物动量统计）		
制表人：填写自己名字	制表时间：2020年12月31日	
货品编码/条码	货品名称	出库量/箱
6901424333948	王老吉凉茶	720
6901521103123	广泽搅拌型酸牛奶	146
6902563688999	奥利奥夹心饼干	475
6911989331808	联想便携式计算机	60
6920226613033	精灵鼠标	30
6920380201108	创意记事本	21
6920907800173	休闲黑瓜子	122
6921100369990	戴尔显示器	37
6921200101102	解放车灯	80
6921317905038	联想一体机	150
6922100321100	罗技键盘	400
6922266437342	戴尔台式计算机	342
6922654700112	喜洋洋背包	100
6925011022012	红牛方便面	397
6932010061860	金谷精品杂粮营养粥	0
6932010061914	雅比沙拉酱	88
6939261900108	蒙牛牛奶	900

图 6-14　数据排序后的月报表

A	B	C	D	E	F	G	H	I	J	K	L	M
出库作业月报汇总（物动量统计）												
制表人：填写自己名字					制表时间：2021年5月31日							
货品编码/条码	货品名称	月报一出库量	月报二出库量	月报三出库量	月报四出库量	月报五出库量	月报六出库量	物动量汇总	品目/%	物动量/%	累计物动量/%	分类

图 6-15　排序汇总表头

- 计算图 6-16 中累计物动量数据。

至此，用排序方法汇总数据处理完毕。请比较两种汇总方法。

出库作业月报汇总（物动量统计）

制表人：填写自己名字　　　制表时间：2021年5月31日

货品编码/条码	货品名称	月报一出库量	月报二出库量	月报三出库量	月报四出库量	月报五出库量	月报六出库量	物动量汇总	品目/%	物动量/%	累计物动量/%	分类
6901424333948	蒙牛牛奶	900	806	655	400	517	1 250	4 528	5.90%	24.30%	24.30%	A
6901521103123	王老吉凉茶	720	850	920	580	420	100	3 590	5.90%	19.27%	43.57%	
6902563688999	广泽搅拌型酸牛奶	146	56	1270	450	200	150	2 272	5.90%	12.19%	55.77%	
6911989331808	奥利奥夹心饼干	475	200	25	220	50	217	1 187	5.90%	6.37%	62.14%	
6920226613033	戴尔台式计算机	342	107	113	269	82	243	1 156	5.90%	6.20%	68.34%	
6920380201108	解放车灯	80	47	189	125	154	458	1 053	5.90%	5.65%	73.99%	B
6920907800173	联想一体机	150	76	167	250	230	148	1 021	5.90%	5.48%	79.48%	
6921100369990	红牛方便面	397	120	39	25	46	45	672	5.90%	3.61%	83.08%	
6921200101102	休闲黑瓜子	122	41	59	139	227	74	662	5.90%	3.55%	86.64%	
6921317905038	罗技键盘	400	36	59	26	0	65	586	5.90%	3.15%	89.78%	
6922100321100	联想便携式计算机	60	25	0	176	97	27	385	5.90%	2.07%	91.85%	C
6922266437342	喜洋洋背包	100	45	25	80	40	44	334	5.90%	1.79%	93.64%	
6922654700112	创意记事本	21	0	0	100	97	100	318	5.90%	1.71%	95.35%	
6925011022012	雅比沙拉酱	88	30	10	50	43	50	271	5.90%	1.45%	96.80%	
6932010061860	戴尔显示器	37	38	25	80	63	17	260	5.90%	1.40%	98.20%	
6932010061914	精灵鼠标	30	30	50	40	27	0	177	5.90%	0.95%	99.15%	
6939261900108	金谷精品杂粮营养粥	0	42	0	45	60	12	159	5.90%	0.85%	100.00%	
	总计品目总数	17				物动量总和		18 631				

图 6-16　排序汇总表格

（3）计算 ABC 分类各项数据。各项数据如图 6-16 所示。

① 计算"品目/%"。在单元格 B21 计算商品总数，公式为"=COUNT(A4:A20)"；然后，计算单元格"J4:J20"的商品品目百分比，公式为"=单品数目/商品总数目"。

② 计算"物动量/%"。首先在单元格 I21 计算商品物动量汇总，公式为"=SUM(I4:I20)"；然后，分别计算单元格"I4:I20"的商品物动量百分比，公式为"=单品出库量/物动量总和"。

③ 计算"累计物动量/%"，公式为"=累计单品数目/商品总数目"。

④ 百分比设置。参照图 6-16，将上述"品目/%""物动量/%""累计物动量/%"数据格式设置为百分比形式。

2. 进行 ABC 分类

参照任务分析中 ABC 各类物品的比例划分，A 类、B 类和 C 类结果如图 6-16 所示。最后对 A 类、B 类和 C 类三类物品单元格进行纵向合并。

3. 绘制 ABC 分析图

把出库物品的分类情况用坐标图表示出来，如图 6-17 所示。

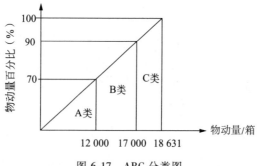

图 6-17　ABC 分类图

六、思考题

1. 单选题

（1）单元格 A1 和 B1 中分别有内容"12"和"34"，在单元格 C1 中输入公式"＝A1&B1"，则 C1 中的结果是（　　）。
  A. 1234　　　　　　B. 12　　　　　　C. 34　　　　　　D. 46

（2）关于 Excel 文件保存，下列说法错误的是（　　）。
  A. Excel 文件可以保存为多种类型
  B. 高版本的 Excel 的工作簿不能保存为低版本的工作簿
  C. 高版本的 Excel 的工作簿可以打开低版本的工作簿
  D. 要将本工作簿保存在别处，不能选择"保存"，要选择"另存为"

（3）在 Excel 中，若单元格 C1 中的公式为"＝A1+B2"，将其复制到 E5 单元格，则 E5 中的公式是（　　）。
  A. ＝C3+A4　　　B. ＝C5+D6　　　C. ＝C3+D4　　　D. ＝A3+B4

（4）下列（　　）格式可以将数据单位定义为"万元"，且带两位小数。
  A. 0.00 万元　　　　　　　　　　B. 0!.00 万元
  C. 0/10 000.00 万元　　　　　　　D. 0!.00, 万元

（5）如果要打印行号和列标，应该通过"页面设置"对话框中的（　　）选项卡来设置。
  A. 页面　　　　　B. 页边距　　　　C. 页眉/页脚　　　D. 工作表

2. 多选题

（1）对于当前 Excel 工作表中的公式计算，可以引用（　　）单元格的地址。
  A. 当前工作表内的单元格　　　　　B. 已打开工作簿内的单元格
  C. 未打开工作簿内的单元格　　　　D. 本工作簿内其他工作表的单元格

（2）对于公式中单元格的地址引用，会导致数据发生变化的操作是（　　）。
  A. 本工作表内被引用单元格数据发生变化
  B. 本引用其他工作表内的数据发生改变
  C. 被引用已经打开的其他工作簿的数据发生变化
  D. 被引用未打开的其他工作簿内的数据发生变化

（3）在 Excel 2016 中，有关插入、删除工作表的阐述，正确的是（　　）。
  A 执行"开始"→"单元格"→"插入"→"插入工作表"命令，可插入一张新的工作表
  B. 执行"开始"→"清除"→"全部清除"命令，可删除一张工作表
  C. 执行"开始"→"删除"→"删除工作表"命令，可删除一张工作表
  D. 按 Shift+F11 组合键

（4）在 Excel 2016 中，以下操作可以为所选单元格添加背景颜色的是（　　）。
  A. 鼠标右键快捷菜单执行"设置单元格格式"→"填充"→"颜色"
  B. "开始"→"字体"→"填充颜色"

C. "页面设置"对话框

D. 单击"插入"功能区的"填充颜色"按钮

(5) 在 Excel 中,"选择性粘贴"对话框中有( )选项。

A. 全部　　　　　B. 数值　　　　　C. 格式　　　　　D. 批注

3. 实操题

(1) 对于划分为 A 类、B 类及 C 类的商品,在进行库存安排时,应该如何划分货位?另外,日常应该如何进行管理?

(2) 对于合并计算来说,源数据发生变化,是否使合并后的数据也发生变化?

任务七

物流公司经营业绩统计图表

关键词：函数、图表。

学习目标：通过对公司营销数据的处理，掌握 Excel 各类型数据格式的设置方法、COUNT、RANK、SUM、MATCH 函数的使用方法，以便快速获得需要统计分析的数据图表。

一、物流知识说明

随着物流信息化的快速发展，很多企业在经营多年后积累了海量数据。对于一部分企业而言，这些海量数据只是一串串没有意义的数字符号；但对于另一部分企业而言，它们意识到数据非常有用，却找不到数据处理的办法。

1. 物流经营数据分析的意义

分析物流数据，能够帮助企业及时、准确地收集和分析客户、市场、销售及企业内部信息，对客户行为及市场趋势进行有效的分析，了解客户喜好，以及企业内部物流的关键问题，从而在提高服务质量和物流效率的同时，降低企业物流成本。

2. 数据分析在物流中心的作用

（1）提高资源利用率。

（2）实现可视化管理。

（3）为决策提供依据。

（4）便于实施绩效考核。

（5）优化物流流程。

数据分析在物流管理中起着十分重要的作用，有助于降低成本，实现物畅其流。数据分析可以帮助管理者判断和决策，以便采取适当的策略与行动，避免靠感觉和冲动决策，有利于加快物流运转，缩短商品销售周期，进而加速商流和现金流流转，为企业赚取更多的利润。

二、操作任务

图 7-1 所示是某物流公司半年度的销售报表，需要进一步统计相关指标，请按下述要求列出各项指标的统计数据。

长久物流有限公司2021年上半年经营业绩统计表

编号	姓名	地区	经营数据					
			一月份	二月份	三月份	四月份	五月份	六月份
CJWL028	李经纬	长春市	66 500	92 500	55 500	98 000	86 500	71 000
CJWL029	周鑫	吉林市	73 500	91 500	64 500	93 500	84 000	87 000
CJWL030	王楠	长春市	75 500	62 500	65 000	94 500	78 000	91 000
CJWL031	叶莹	长春市	69 500	98 500	65 000	88 015	96 000	66 000
CJWL032	杜长慧	四平市	82 050	63 500	90 500	97 000	65 150	89 000
CJWL033	耿雪	长春市	82 500	75 000	81 000	86 500	96 500	57 000
CJWL034	齐爽	长春市	84 500	71 000	99 500	89 500	84 500	58 500
CJWL035	姜珊	白城市	87 500	63 500	67 500	98 500	78 500	94 500
CJWL036	李莹	长春市	88 000	82 500	83 000	75 500	62 000	85 000
CJWL037	刘红佳	长春市	92 000	64 000	97 000	93 000	75 000	93 000
CJWL038	杨晴	吉林市	93 000	71 500	92 000	96 500	107 000	61 000
CJWL039	于安琪	白城市	93 050	85 500	77 000	81 000	95 000	78 000
CJWL040	赵汉娇	四平市	96 000	72 500	110 000	86 000	62 000	78 500
CJWL041	张成竹	长春市	96 500	86 500	90 500	94 000	99 500	70 000
CJWL042	刘丹	吉林市	97 500	76 500	72 000	92 500	84 500	78 000
CJWL043	常爱欣	长春市	56 000	77 500	85 000	83 000	74 500	79 000
CJWL044	赫玲雪	白城市	58 500	90 000	88 500	97 000	72 000	65 000
CJWL045	孙世佳	四平市	63 000	99 500	78 500	63 150	69 500	65 500
CJWL046	刘俊男	吉林市	67 500	76 000	78 000	62 500	88 500	78 000
CJWL047	刘云鹏	长春市	76 500	67 500	89 000	73 000	64 500	89 000
CJWL048	董志军	白城市	58 500	80 000	58 500	87 000	72 000	55 000
CJWL049	蔡旭	长春市	53 000	69 500	75 500	53 150	89 500	85 500

图 7-1 经营业绩表

1. 要求

（1）在 Excel 中创建经营业绩表。其具体步骤如下。

① 根据图 7-1 给出的数据，计算每个人半年度业绩总和、平均值、业绩排名、业绩等级。

② 根据图 7-1 给出的数据，计算每个月业绩总额、平均值、达标率。

③ 根据所创建的经营业绩表，做出每月业绩及达标率柱形图。

④ 在 Excel 中创建各地区业绩统计表，并做出相应的饼图。

⑤ 计算不同地区的员工人数、平均销售额。

⑥ 做出各地区平均业绩折线图。

（2）创建各地区数据分类汇总表。其具体步骤如下。

① 将各地区的销售额分类汇总，以便查看销售数据。

② 做出各地区销售总额饼图。

（3）建立业绩分类排名表。其具体步骤如下。

① 统计出总公司经营额的前三名。

② 统计出各地区经营额的冠军。

2. 说明

（1）业绩等级说明。业绩等级指标如表 7-1 所示。

表 7-1　业绩等级指标

等级	不达标	达标	良好	优秀
平均业绩	<60 000	[60 000,80 000)	[80 000,90 000)	≥90 000

(2) 达标率说明。只要业绩达到或者超过 60 000,即可达标。

三、任务分析

本次任务是要完成物流公司经营数据的统计、计算与分析,数据量比较大,在汇总过程中要格外小心,逐步开展数据处理。

经营业绩表是本次任务的核心,其他所有操作都是基于此表,所以考核此表的输入要求必须准确建立,并在此基础上美化表格。

完成任务的步骤如下所述。
(1) 创建经营业绩表。
(2) 创建与经营业绩表相关的图表。
(3) 创建各地区业绩统计表。
(4) 创建各地区平均业绩统计表折线图。
(5) 创建各地区数据分类汇总表。
(6) 建立业绩分类排名表。
(7) 创建各地区数据表构成饼图。

图表最能清晰、直观地反映数据走势,所以根据物流公司经营数据表生成柱形图、折线图、饼图等图表形式,能够直观反映出企业经营的相关数据信息。

四、Excel 知识要点

在执行本任务的过程中,涉及数据统计,重点是函数处理,包含求和函数 SUM,平均值函数 AVERAGE,排名函数 RANK(RANK.AVG),条件统计函数 COUNT、COUNTA、COUNTIF,最大值函数 MAX、LARGE 及条件函数 IF。

本次任务的重点有如下所述。
(1) 将函数 SUM 与函数 IF 联合构建数组,统计各地区每月人均经营数据。
(2) 各函数在数据处理过程中的应用方法,尤其是地址的使用以及相对地址与绝对地址的区别。
(3) 建立与修改各类图表,尤其是制作图表时主坐标轴和次坐标轴的设置与参数调整技巧。

对任务中用到的函数说明如下。

1. 函数的绝对地址和相对地址

单元格地址引用一般包含相对地址引用和绝对地址引用。对于相对地址引用,如果单元格发生拖动、移动变化,其中引用的地址随之改变,函数值也会变化;对于函数绝对地址引用,如果单元格发生拖动、移动变化,其中引用地址不会改变,并且函数值始终保持不变。

（1）相对地址的表示方法：<列号><行号>。

（2）绝对地址的表示方法：$<列号>$<行号>。

（3）混合地址的表示方法：$<列号><行号> 或<列号>$<行号>。

2. 排名函数 RANK 与 RANK.AVG

（1）RANK 函数的作用是返回一个数字在指定数字列表中的排位。

（2）使用该函数时要注意,选择要排序的数据区域单元格时一定要使用绝对地址,否则会出现多个第一名的情况。

（3）Rank 赋予重复数相同的排位,但重复数的存在将影响后续数值的排位。例如,在按升序排列的整数列表中,如果数字 10 出现 2 次,且其排位为 5,则数字 11 的排位为 7（没有排位为 6 的数）。

（4）RANK.AVG 是对 RANK 的升级函数,使用方法与 RANK 一样,但是比 RANK 更精确。数字的排位是其大小与列表中其他值的比值。如果多个值具有相同的排位,将返回平均排位。

3. 求和函数 SUM 与函数 SUMIF

（1）SUM、AVERAGE、MAX、MIN 都是常用的基础运算函数。

（2）使用 SUMIF 函数,可以对某一范围内符合指定条件的值求和。例如,假设在含有数字的某一列中,需要对大于 5 的数值求和,则计算公式为"=SUMIF(B2:B25,">5")"。

（3）有时可以将条件应用于某个单元格区域,但对另一个单元格区域中的对应值求和。例如,使用公式"=SUMIF(B2:B5,"李戈",C2:C5)",仅对区域 B2:B5 中等于"李戈"的并且与之对应 C2:C5 单元格区域中的值求和。

4. 计数函数 COUNT、COUNTIF、COUNTA 和 COUNTIFS

（1）COUNT 函数用于一般的计数统计。

（2）COUNTIF 函数是一个计数函数,用于统计指定区域内满足某个条件的单元格的数量,比如"=COUNTIF(A2:A5,"苹果")"。

（3）COUNTA 函数用于统计指定区域内非空单元格的数量。

（4）COUNTIFS 函数用于根据多个条件统计单元格的数量。

5. 条件函数 IF

（1）条件函数 IF(条件,A,B)结果有两个选择：满足条件,返回 A；不满足条件,返回 B。

（2）条件函数 IF 不论在 A 位置还是 B 位置,都可以嵌套使用。

6. 最大值函数 MAX、LARGE

（1）MAX：返回指定区域的最大值。

（2）LARGE(array,n)：返回指定区域第 n 个最大值。

7. 引用函数 INDIRECT

返回对指定单元格的引用,立即对引用进行计算,并显示其内容。

例如,"=INDIRECT(A2)"引用单元格 A2 的内容;而"=INDIRECT("B"&A5)"引用由 B 与单元格 A5 内容连接在一起构成的单元格地址,该单元格内容为最终引用的数据。

8. 查找函数 MATCH

(1) MATCH 函数在单元格范围中搜索指定项,返回该项在单元格区域中的相对位置。例如,如果区域 A1:A3 包含值 5、25 和 38,则"=MATCH(25,A1:A3,0)"会返回数字 2,因为值 25 是该区域中的第 2 项。

(2) MATCH 函数查找匹配数据时有精确匹配(匹配标志 0)、最大值(匹配标志 1)和最小值匹配(匹配标志 -1),精确匹配不需要数据排序,其他匹配方式需要对数据排序。

(3) 对于函数的应用,需要在使用过程中逐步了解,也可以通过帮助信息查看相关格式。

五、Excel 操作

1. 创建经营业绩表

(1) 新建 Excel 工作簿。执行菜单命令"开始"→"程序"→"Microsoft Office/Excel 2016",打开一个空白的 Excel 工作簿,如图 7-2 所示。在 Excel 2016 中约定打开的工作表只有一张,如果要增加打开工作表的数量,可以修改"文件"→"选项"→"常规"→"包含工作表数"下的数字。

图 7-2 空白工作簿

(2) 保存文件。执行菜单命令"文件"→"保存",弹出"另存为"对话框,如图 7-3 所示。选择文件存储的位置并输入文件名"经营数据表",然后单击"保存"按钮。

(3) 工作表更名。双击工作表 Sheet 1 的标签,变成黑色后,将其更改为"经营业绩表",如图 7-4 所示。

(4) 输入数据。在经营业绩表中输入如图 7-5 所示的数据。

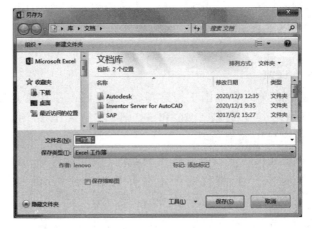

图 7-3 "另存为"对话框

图 7-4 工作表更名

图 7-5 经营业绩表表头

(5) 设置标题栏。标题栏按如下格式设置。

① 单元格 A1～M1 合并居中,底色为浅黄色,字体为宋体 16 号黑色,其内容如图 7-5 所示。

② 单元格 D2～I2 合并居中,底色为深蓝色,字体为宋体 11 号白色,其内容如图 7-5 所示。

③ 单元格 D3～I3 中的各月份表头居中,背景为绿色,字体为宋体 11 号白色,其内容

如图 7-5 所示。

④ 其他表头内容 A2～A3,B2～B3,…合并居中,背景为蓝色,字体为宋体 11 号,其内容如图 7-5 所示。

（6）计算个人经营总额。选择单元格 J4,调用 SUM 函数,如图 7-6 所示。添加参数后,单击"确定"按钮,计算出编号为"CJWL028"的员工一月份到六月份的业绩总额。

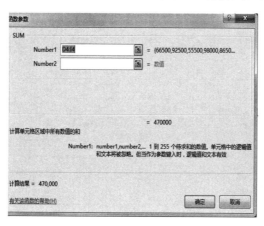

图 7-6 SUM 函数

按住单元格 J4 的填充柄向下拖动,直到最后一个有数据的单元格,计算出所有人员的半年业绩总额。

（7）计算个人平均业绩。选择单元格 K4,调用 AVERAGE 函数,计算单元格区域 D4:I4 内数据的平均值,得到编号为"CJWL028"的员工一月份到六月份的平均业绩。拖动单元格 K4 填充柄向下填充其他人的平均业绩。

（8）计算个人业绩排名。将光标定位在单元格 L4,调用 RANK 函数,按平均业绩排名,如图 7-7 所示,在 Number 框中选择"K4",为 Ref 参数添加"＄K＄4:＄K＄25",单击"确定"按钮,计算出该数据在指定区域内的排名。按住单元格 L4 的填充柄向下拖动,填充到单元格 L25,得出所有人员的排名。

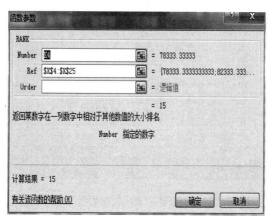

图 7-7 RANK 函数

注意:填充的单元格地址必须是绝对地址"＄K＄4:＄K＄25"。如果填充地址为"K4:K25",即相对地址,将出现有多个相同名次的结果。

(9) 计算个人业绩等级。选择单元格 M4,调用 IF 函数,如图 7-8 所示,并输入公式"=IF(K4<60 000,"不达标",IF(K4<80 000,"达标",IF(K4<90 000,"良好","优秀")))",单击"确定"按钮将得到等级结果。按住单元格 M4 的填充柄向下拖动,直到单元格 M25,得出所有人员的业绩等级,如图 7-9 所示。

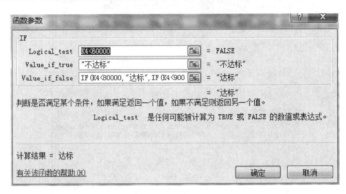

图 7-8　IF 函数

(10) 计算每月总额。选择单元格 D26,调用 SUM 函数,计算单元格区域 D4:D26 的数据总和,得到"一月份"业绩总额。拖动单元格 D26 填充柄向右填充到 I26,得出各月业绩总和,如图 7-9 所示。

	A	B	C	D	E	F	G	H	I	J	K	L	M
2	编号	姓名	地区	经营数据						经营总额	平均业绩	业绩排名	业绩等级
3				一月份	二月份	三月份	四月份	五月份	六月份				
4	CJWL028	李经纬	长春市	66 500	92 500	55 500	98 000	86 500	71 000	470 000	78 333	15	达标
5	CJWL029	周鑫	吉林市	73 500	91 500	64 500	93 500	84 000	87 000	494 000	82 333	7	良好
6	CJWL030	王楠	长春市	75 500	62 500	65 000	94 500	78 000	91 000	466 500	77 750	16	达标
7	CJWL031	叶莹	长春市	69 500	98 500	65 000	88 015	96 000	66 000	483 015	80 503	11	良好
8	CJWL032	杜长慧	四平市	82 050	63 500	90 500	97 000	65 150	89 000	487 200	81 200	9	良好
9	CJWL033	耿雪	长春市	82 500	75 000	81 000	86 500	96 500	57 000	478 500	79 750	12	达标
10	CJWL034	齐爽	长春市	84 500	71 000	99 500	89 500	84 500	58 000	487 000	81 167	10	良好
11	CJWL035	姜珊	白城市	87 500	63 500	67 500	98 500	78 500	94 000	489 500	81 583	8	良好
12	CJWL036	李莹	长春市	88 000	82 500	83 000	75 500	62 000	85 000	476 000	79 333	13	达标
13	CJWL037	刘红佳	长春市	92 000	64 000	97 000	93 000	75 000	93 000	514 000	85 667	3	良好
14	CJWL038	杨晴	吉林市	93 000	71 500	96 500	100 500	107 000	61 000	521 000	86 833	2	良好
15	CJWL039	于馨	白城市	93 050	85 500	77 000	81 000	95 000	78 000	509 550	84 925	4	良好
16	CJWL040	赵汉桥	四平市	96 000	72 500	110 000	86 000	62 000	78 500	505 000	84 167	5	良好
17	CJWL041	张成竹	长春市	96 500	86 500	90 500	94 000	99 500	70 000	537 000	89 500	1	良好
18	CJWL042	刘丹	吉林市	97 500	72 500	72 500	92 500	84 500	78 000	500 500	83 417	6	良好
19	CJWL043	常爱欣	长春市	56 000	77 500	85 000	83 000	74 500	79 000	455 000	75 833	18	达标
20	CJWL044	赫玲雪	白城市	58 500	90 000	88 500	97 000	72 000	65 000	471 000	78 500	14	达标
21	CJWL045	孙世佳	四平市	63 000	99 500	78 500	63 150	69 500	65 500	439 150	73 192	20	达标
22	CJWL046	刘俊男	吉林市	67 500	76 500	78 000	62 500	88 500	78 000	450 500	75 083	19	达标
23	CJWL047	刘云鹏	长春市	76 000	67 500	89 000	73 000	64 500	90 000	459 000	76 500	17	达标
24	CJWL048	董志军	白城市	58 500	80 000	58 500	87 000	72 000	55 000	411 000	68 500	22	达标
25	CJWL049	蔡旭	长春市	53 000	69 500	75 500	53 150	89 500	85 500	426 150	71 025	21	达标
26	每月总额			1 710 100	1 716 500	1 763 000	1 882 815	1 784 650	1 673 500				
27	每月平均			77 732	78 023	80 136	85 583	81 120	76 068		79 777		
28	业绩达标率			81.8%	100.0%	90.9%	95.5%	100.0%	86.4%		100.0%		

图 7-9　计算完成后的经营业绩表

(11) 计算每月平均业绩。选择单元格 D27,调用 AVERAGE 函数,计算单元格区域 D4:D26 的平均值,得到"一月份"平均业绩。拖动单元格 D27 填充柄向右填充到 I27,得出每月平均业绩,如图 7-9 所示。

(12) 计算每月业绩达标率。选择单元格 D28,输入公式"= COUNTIF(D4:D25," > = 60 000")/COUNTA(D4:D25)",计算"一月份"业绩达标率。拖动单元格 D28 填充柄向右填充到 I28,得出各月的业绩达标率,如图 7-9 所示。

至此,根据图 7-1 中所列数据,得到经营业绩统计表,如图 7-9 所示。

2. 创建与经营业绩表相关的图表

(1) 创建柱形图"员工经营总额柱形图",步骤如下。

① 插入"簇状柱形图"。

② 在图 7-9 中,按住 Ctrl 键,拖动鼠标分别选择不连续数据区域"B4:B25,J4:J25",得到柱形图的数据源,修改图标标题完成员工经营总额柱形图,如图 7-10 所示。

(2) 创建月经营总额以及每月平均业绩柱形图,如图 7-11 所示。

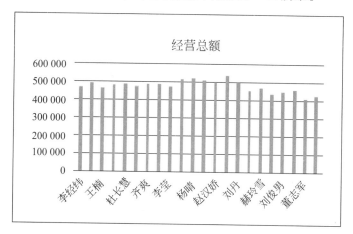

图 7-10 员工经营总额柱形图

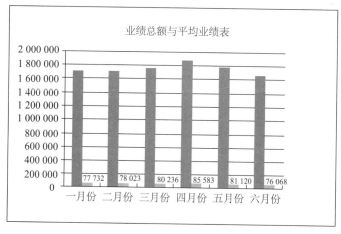

图 7-11 平均业绩柱形图

① 插入簇状柱形图。

② 在图7-9中,按住Ctrl键,拖动鼠标分别选择不连续"D3:I3,D26:I26,D27:I27",得到柱形图的数据源,完成的员工经营总额柱形图如图7-11所示。

(3) 创建"每月总额"与"达标率图标"两轴柱图,步骤如下。

① 按住Ctrl键,拖动鼠标分别选择不连续"D3:I3,D26:I26,D28:I28",制作"簇状柱形图",如图7-12所示。

② 在图7-12中,右击"达标率"(数据比较小,绘图区下部,选择要注意),菜单中选择"设置数据系列格式"→"系列选项"→"系列绘制在"→"次坐标轴"。

③ 在图7-12中,右击"达标率",将图表类型改为"折线图",如图7-13所示。

④ 在图7-12中,右击"达标率"折线,选择"设置数据标签格式"→"标签选项"→"值",结果如图7-13所示。

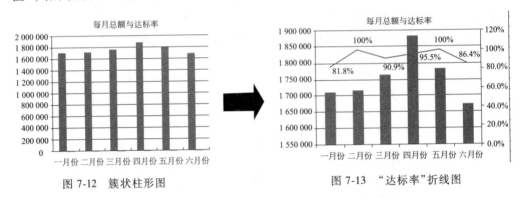

图7-12 簇状柱形图　　　　　　图7-13 "达标率"折线图

3. 创建地区业绩统计表

(1) 建立如图7-14所示空白的地区业绩统计表。

	A	B	C	D	E	F	G	H
1		地区业绩统计表						
2		人数	一月份	二月份	三月份	四月份	五月份	六月份
3	长春市							
4	吉林市							
5	四平市							
6	白城市							

图7-14 地区业绩统计表

(2) 计算各地区人数,步骤如下。

① 选择单元格B3,输入公式"=SUM(IF(经营业绩表!＄C＄4:＄C＄25=A3,1))",执行后将出现"#VALUE!"(低版本Excel为"1")提示。

② 将光标定位在公式编辑栏的最后位置,同时按下Ctrl+Shift+Enter组合键,求出图7-9内"长春市"的人员数目,结果如图7-15所示。

③ 拖动单元格B3填充柄向下填充到B6,计算出所有地区的人数。

此方法构建了一个求和数组,数组内的数据是否符合条件,由IF语句来判别。满足条件的置"TRUE",所有置"TRUE"的总和即是求得的人数,如图7-15所示。

(3) 计算各地区每月的平均业绩,步骤如下。

① 将光标定位在单元格 C3,输入公式"＝SUM(IF(经营业绩表！＄C＄4：＄C＄25＝＄A3,经营业绩表！D＄4:D＄25)／＄B3)"。

② 将光标定位在公式编辑栏所列公式的后面,或者直接按 F2 键,将光标定位在公式内,再同时按下 Ctrl+Shift+Enter 组合键,得到图 7-9 内"长春市"一月份统计数据,结果如图 7-15 所示。

③ 拖动单元格 C3 填充柄向下填充到 C6,求出所有地区一月份的平均业绩,结果如图 7-15 所示。

④ 选择一月份所有地区 B3:B6 的数据,然后向右填充到 H3:H6,求出所有地区的各月平均业绩,如图 7-15 所示。

	A	B	C	D	E	F	G	H
1				地区平均业绩统计表				
2		人数	一月份	二月份	三月份	四月份	五月份	六月份
3	长春市	11	76364	77000	80545	84379	82409	76727
4	吉林市	4	82875	78750	76625	86250	90500	76000
5	四平市	3	80350	78500	93000	82050	65550	77667
6	白城市	4	74388	79750	72875	90875	79375	73000

图 7-15 完成的地区平均业绩统计表

4. 创建各地区平均业绩走势图

(1) 新建折线图。选择图 7-15 中数据区域"A2:A6,C2:H6",执行菜单命令"插入"→"图表"→"折线图",建立如图 7-16 所示的二维折线图。

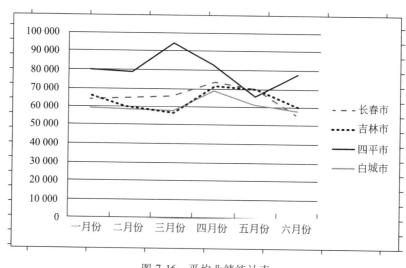

图 7-16 平均业绩统计表

(2) 设置折线数据标记,步骤如下。

① 右击"四平市"折线,在弹出的快捷菜单中选择"设置数据系列格式(F)",弹出如图 7-17 所示的对话框,然后选择"数据标记选项"→"数据标记类型"→"内置",设置类型标记为"▲",然后单击"关闭"按钮。

② 右击"长春市"折线,同上操作,设置类型标记为"◆"。
③ 右击"吉林市"折线,同上操作,设置类型标记为"■"。
④ 右击"白城市"折线,同上操作,设置类型标记为"×"。

图 7-17 设置数据系列格式

（3）设置折线图标题。调整绘图区大小,然后利用文本框分别添加图表标题"各地区平均业绩走势图",纵坐标标题"业绩",横坐标标题"月份",如图 7-18 所示。

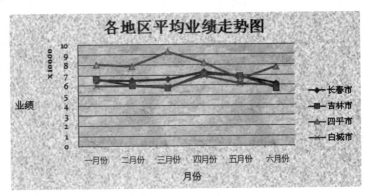

图 7-18 平均业绩走势图

（4）设置折线图背景图案,步骤如下。
① 调整图表区图案。在图 7-16 中,右击图表区,在弹出的菜单中选择"设置图表区格式(F)",通过"填充\图案或者纹理填充"选项,设置纹理为"新闻纸"。
② 操作同上,将绘图区背景图案设置为"信纸",结果如图 7-18 所示。
（5）调整折线图纵坐标轴刻度。在图 7-16 中,右击纵坐标轴,在弹出的快捷菜单中选择"设置坐标轴格式",在"坐标轴选项"→"显示单位"下选择"10000",关闭后结果如图 7-18 所示。

5. 各地区数据分类汇总表

（1）建立经营业绩表副本,步骤如下。
① 右击经营业绩表,从弹出的快捷菜单中选择"移动或复制工作表",弹出如图 7-19

图 7-19　复制工作表

所示的对话框。

② 选择"经营业绩表",并勾选下面的"建立副本"选项。

③ 将出现的"经营业绩表(2)"改名为"分类汇总"。

(2) 排序。选定数据区"A4:M25",然后执行菜单命令"数据"→"排序和筛选"→"排序",弹出如图 7-20 所示的"排序"对话框。选定排序关键字段"列 C",确定排序。分类汇总之前,必须按指定字段排序,使数据有序排列。

图 7-20　排序设置

思考:如果按地区排序后结果不是按照"白城市、长春市、吉林市、四平市"的顺序,那我们应该怎么进行排序呢? 这里就要用到自定义排序。

(3) 分类汇总。选定区域"A2:M25",然后执行菜单命令"数据"→"分级显示"→"分类汇总",弹出如图 7-21 所示的对话框。按图中所示确定选项后,结果如图 7-22 所示。

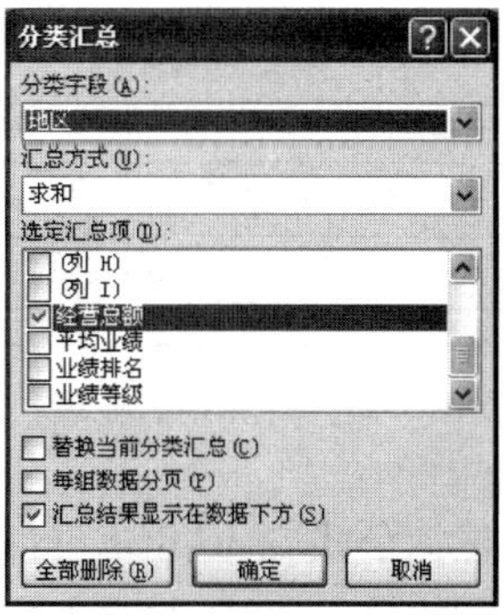

图 7-21　分类汇总设置

编号	姓名	地区	经营数据						经营总额	平均业绩	业绩排名	业绩等级
			一月份	二月份	三月份	四月份	五月份	六月份				
CJWL035	姜珊	白城市	87 500	63 500	67 500	98 500	78 500	94 000	489 500	81 583	8	良好
CJWL039	于安琪	白城市	93 050	85 500	77 000	81 000	95 000	78 000	509 550	84 925	4	良好
CJWL044	赫玲雪	白城市	58 500	90 000	88 500	97 000	72 000	65 000	471 000	78 500	14	达标
CJWL048	董志军	白城市	58 500	80 000	58 500	87 000	72 000	55 000	411 000	68 500	22	达标
		白城市 汇总							1 881 050			
CJWL028	李经纬	长春市	66 500	92 500	55 500	98 500	86 500	71 000	470 000	78 333	15	达标
CJWL030	王楠	长春市	75 500	62 500	65 000	94 500	78 000	91 000	466 500	77 750	16	达标
CJWL031	叶莹	长春市	69 500	98 500	65 000	88 015	96 000	66 000	483 015	80 503	11	良好
CJWL033	耿雪	长春市	82 500	75 000	81 000	86 500	96 500	57 000	478 500	79 750	12	达标
CJWL034	齐爽	长春市	84 500	71 000	99 500	89 500	84 500	58 000	487 000	81 167	10	良好
CJWL036	李莹	长春市	88 000	82 500	83 000	75 500	62 000	85 000	476 000	79 333	13	达标
CJWL037	刘红佳	长春市	92 000	64 000	97 000	93 000	75 000	93 000	514 000	85 667	3	良好
CJWL041	张成竹	长春市	96 500	86 500	90 500	94 000	99 500	70 000	537 000	89 500	1	良好
CJWL043	常爱欣	长春市	56 000	77 500	85 000	83 000	74 500	79 000	455 000	75 833	18	达标
CJWL047	刘云鹏	长春市	76 000	67 500	89 000	73 000	64 500	89 000	459 000	76 500	17	达标
CJWL049	蔡旭	长春市	53 000	69 500	75 500	53 150	89 500	85 500	426 150	71 025	21	达标
		长春市 汇总							5 252 165			
CJWL029	周鑫	吉林市	73 500	91 500	64 500	93 500	84 000	87 000	494 000	82 333	7	良好
CJWL038	杨晴	吉林市	93 000	71 500	92 000	96 500	107 000	61 000	521 000	86 833	2	良好
CJWL042	刘丹	吉林市	97 500	76 000	72 000	92 500	84 500	78 000	500 500	83 417	6	良好
CJWL046	刘俊男	吉林市	67 500	76 000	78 000	94 500	88 500	78 000	450 500	75 083	19	达标
		吉林市 汇总							1 966 000			
CJWL032	杜长慧	四平市	82 050	63 500	90 500	97 000	65 150	89 000	487 200	81 200	9	良好
CJWL040	赵汉娇	四平市	96 000	72 500	110 000	86 000	62 000	78 500	505 000	84 167	5	良好
CJWL045	孙世佳	四平市	63 000	99 500	78 500	63 150	69 500	65 500	439 150	73 192	20	达标
		四平市 汇总							1 431 350			
		总计							10 530 565			

图 7-22　分类汇总表

6. 建立业绩分类排名表

（1）建立新工作表并更名为"业绩排名"。创建如图 7-23 所示的工作表，用于统计公司半年度业绩前三名，以及各地区业绩第一名的信息。

	A	B	C	D	E	F	G
1	公司各项业绩排名						
2		公司业绩前三名			地区业绩冠军		
3	名次	姓名	地区	业绩	地区	姓名	业绩
4	第一名				长春市		
5	第二名				白城市		
6	第三名				四平市		
7					吉林市		

图 7-23　业绩分类排名表

（2）统计员工业绩排名，步骤如下。

① 将光标定位在 D4 单元格，输入公式"=MAX(经营业绩表!J4:J25)"，得到经营业绩表中业绩最好的员工业绩，结果如图 7-24 所示。

	A	B	C	D	E	F	G
1	公司各项业绩排名						
2		公司业绩前三名			各地区业绩冠军		
3	名次	姓名	地区	业绩	地区	姓名	业绩
4	第一名			537 000	长春市		537 000
5	第二名			521 000	白城市		509 550
6	第三名			514 000	四平市		505 000
7					吉林市		521 000

图 7-24　计算排名业绩

② 将光标定位在 D5 单元格，输入公式"=LARGE(经营业绩表!＄J＄4:＄J＄25,2)"，得到经营业绩表中业绩排名第二位的员工业绩，结果如图 7-24 所示。

③ 将光标定位在 D6 单元格,输入公式"=LARGE(经营业绩表!＄J＄4:＄J＄25,3)",得到经营业绩表中业绩排名第三位的员工业绩,结果如图 7-24 所示。

④ 将光标定位在 G4 单元格,输入公式"=MAX(分类汇总!J9:J19)",得到公司"长春市"地区业绩最好的员工业绩,结果如图 7-24 所示。

⑤ 将光标定位在 G5 单元格,输入公式"=MAX(分类汇总!J4:J7)",得到公司"白城市"地区业绩最好的员工业绩,结果如图 7-24 所示。

⑥ 将光标定位在 G6 单元格,输入公式"=MAX(分类汇总!J26:J28)",得到公司"四平市"地区业绩最好的员工业绩,结果如图 7-24 所示。

⑦ 将光标定位在 G7 单元格,输入公式"=MAX(分类汇总!J21:J24)",得到公司"吉林市"地区业绩最好的员工业绩,结果如图 7-24 所示。

(3) 统计取得成绩员工姓名,步骤如下。

① 将光标定位在 B4 单元格。输入公式"=INDIRECT("经营业绩表!B"&(MATCH(D4,经营业绩表!＄J＄1:＄J＄25,0)))",运算结果如图 7-25 所示。

	A	B	C	D	E	F	G
1	公司各项业绩排名							
2	公司业绩前三名				各地区业绩冠军			
3	名次	姓名	地区	业绩	地区	姓名	业绩
4	第一名	张成竹		537 000	长春市	张成竹	537 000
5	第二名	杨晴		521 000	白城市	于安琪	509 550
6	第三名	刘红佳		514 000	四平市	赵汉娇	505 000
7					吉林市	杨晴	521 000

图 7-25 计算排名员工姓名

② 按住 B4 单元格填充柄向下拖动填充 B5、B6 单元格,结果如图 7-25 所示。

③ 将光标定位在 F4 单元格。输入公式"=INDIRECT("经营业绩表!B"&(MATCH(G4,经营业绩表!＄J＄1:＄J＄25,0)))",运算结果如图 7-25 所示。

④ 按住 F4 填充柄向下拖动填充 F5、F6、F7 单元格,结果如图 7-25 所示。

(4) 统计取得业绩的员工和地区,步骤如下。

① 将光标定位在 C4 单元格,输入公式"=INDIRECT("经营业绩表!C"&(MATCH(D4,经营业绩表!＄J＄1:＄J＄25,0)))",运算结果如图 7-26 所示。

② 按住 C4 单元格填充柄向下拖动填充 C5、C6 单元格,结果如图 7-26 所示。

	A	B	C	D	E	F	G
1	公司各项业绩排名							
2	公司业绩前三名				各地区业绩冠军			
3	名次	姓名	地区	业绩	地区	姓名	业绩
4	第一名	张成竹	长春市	537 000	长春市	张成竹	537 000
5	第二名	杨晴	吉林市	521 000	白城市	于安琪	509 550
6	第三名	刘红佳	长春市	514 000	四平市	赵汉娇	505 000
7					吉林市	杨晴	521 000

图 7-26 计算排名员工姓名

7. 创建各地区数据构成饼图

（1）按住 Ctrl 键，用鼠标在图 7-22 所示分类汇总表中分别选择不连续单元格"C8，J8，C20，J20，C25，J25，C29，J29"，然后执行菜单命令"插入"→"图表"→"饼图"，如图 7-27 所示。

（2）将绘图区背景图案调整为"纸莎草纸"，如图 7-28 所示。

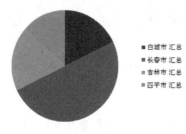   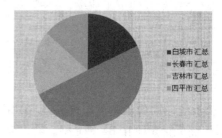

图 7-27　饼图　　　　　　　　　图 7-28　设置饼图背景

（3）右击饼图区域，在弹出菜单中选择"设置数据标签格式"，在"标签选项"中选择"类别名称""百分比线"和"数据标签内"，如图 7-29 所示。

（4）加入标题"区域数据图"，如图 7-29 所示。

（5）按住饼图轻微拉动，变成分离型饼图，如图 7-30 所示。

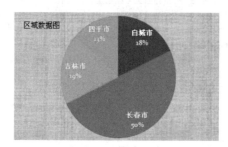   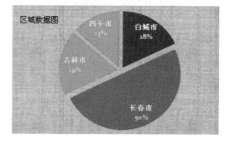

图 7-29　设置标签　　　　　　　图 7-30　分离型饼图

（6）更改饼图类型为"分离型三维饼图"，如图 7-31 所示。

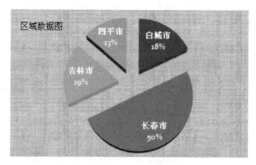

图 7-31　分离型三维饼图

六、思考题

1. 单选题

（1）RANK.AVG 函数适用于 Excel(　　)版本。
　　A. 2016　　　　B. 2000　　　　C. 2003　　　　D. 97

（2）RANK 函数引用的排序数据区域格地址应该是(　　)地址。
　　A. 相对地址　　B. 无地址　　C. 混合地址格式　　D. 绝对地址

（3）函数 IF(5>3,5,3)的执行结果是(　　)。
　　A. 3　　　　B. 2　　　　C. 5　　　　D. 8

（4）在 Excel 中插入图表的快捷键是(　　)。
　　A. F9　　　　B. F10　　　　C. F11　　　　D. F12

（5）在 Excel 中，某单元格输入公式"=IF("学生">"学生会",True,False)"，其计算结果为(　　)。
　　A. 真　　　　B. 假　　　　C. 学生　　　　D. 学生会

2. 多选题

（1）可以计算排名的函数是(　　)。
　　A. MAX　　　　B. RANK　　　　C. RANK.AVG　　　　D. LARGE

（2）包含计数功能的函数是(　　)。
　　A. COUNT　　　　B. COUNTA　　　　C. COUNTIF　　　　D. DOCUNT

（3）具有求和功能的函数是(　　)。
　　A. SUM　　　　B. AVERAGE　　　　C. SUMIF　　　　D. MATCH

（4）以下属于折线形图表的是(　　)。
　　A. 百分比堆积折线图　　　　B. 平均值折线图
　　C. 三维折线图　　　　　　　D. 折线图

（5）在 Excel 中，用于设置和修改图表的操作有(　　)。
　　A. 改变分类轴中的文字内容　　　B. 改变系列图标的类型及颜色
　　C. 改变背景墙的颜色　　　　　　D. 改变系列类型

3. 问答题

（1）比较统计函数 COUNT、COUNTA、DOCUNT 的异同。

（2）在 Excel 表格处理过程中，涉及公式计算时需要引用单元格地址，说明绝对地址引用和相对地址引用的含义。

（3）在公式中，引用单元格地址需要进行绝对地址和相对地址相互变换时，如何操作才能最快？

（4）在公式编辑过程中，F4 键有何特殊作用？

（5）在图标处理过程中，坐标轴刻度、标题、图例、制表等相关区域都可以单独处理，请动手试试单独处理的方法。

任务八

配送路线优化设计

关键词：排序、页面背景、页眉页脚。

学习目标：通对客户货物配送路线方案设计，熟练掌握 Excel 表格中数据的排序方法、培养应用公式解决问题的能力。

一、物流知识说明

1. 配送路径

配送路径是指配送中心根据货物重量、客户分布及需求、配送车辆数，为车辆选择到达客户端的路线。

2. 配送路径的特点

城市物流配送以城市为配送范围，配送路线繁多复杂。在配送过程中，各路段受交通状况影响较大，各节点之间的可达性受到制约。通常存在两类交通限制状况：一是动态交通状况，其特点是随时间动态变化，比如交通堵塞等；二是静态交通状况，其特点是随时间变化比较慢，比如交管部门制定的一系列限速、禁行、禁止转向和单向行驶等交通法规。

3. 配送车辆路径安排

配送车辆路径安排实质上是一个典型的优化组合问题，是交通运输和物流配送领域的一个核心问题。比如，多部车辆将货物从一个或者多个仓库，送到多个地理位置比较分散的客户端，如何安排车辆及其行驶路线，才能使总的费用最小。

二、操作任务

已知配送中心 P 向五个客户 A、B、C、D、E 配送货物，配送中心到客户的距离以及客户之间的距离如图 8-1 所示。图中括号内表示的是客户的需求量（单位：t），线路上的数字表示两个节点之间的距离，配送中心有 3 辆 2t 和 2 辆 4t 的两种卡车可用。

（1）试用最优里程法制订最优配送方案。

（2）设卡车的平均行驶速度为 40km/h。试问：采用优化后的方案比单独向各个客户配送可节约多长时间。

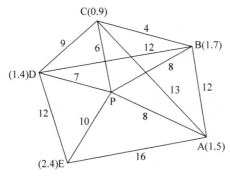

图 8-1 操作任务图

三、任务分析

配送路线优化算法中,节约里程法是经常使用的。利用节约里程法确定配送路线的目的是根据配送方的运输能力,以及到客户之间的距离和各客户之间的距离来制定使配送车辆总的周转量达到或接近最优的配送方案。

节约里程法的基本思想是:假设 P_0 为配送中心,分别向客户 P_1、P_2 送货。P_0 到 P_1、P_2 的距离分别为 S_1 和 S_2,客户之间的距离为 S_{12}。送货方案有两种:一种是配送中心向两个客户分别送货[见图 8-2(a)];另一种是配送中心向两个客户同时送货[见图 8-2(b)]。比较两种方案下配送的距离能够节约多少,路程最短的方案采用的就是节约里程法。

扩展到 N 个客户节约里程法的配送方案就是:如果一个配送中心分别向 N 个用户配送货物,在汽车载货能力允许的前提下,每辆汽车的配载线路上经过的客户数越多,里程节约量越大,配送线路越合理。

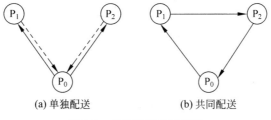

(a) 单独配送   (b) 共同配送

图 8-2 节约里程法示意图

四、Excel 知识要点

1. 表格背景

本任务需要设计运输里程表和节约里程表,要求设置表格的字体大小、字体,以及表格的边框线,使表格整体协调、美观。

(1)添加图片背景。在 Excel 2016 中,去掉了以前版本的水印功能,添加了背景功能。在图 8-3 所示界面中执行菜单命令"页面布局"→"页面设置"→"背景",将弹出对话框,要求输入表格背景,设置完成即可显示出来。

(2)添加背景颜色。打开如图 8-4 所示的"设置单元格格式"对话框,设置背景颜色。

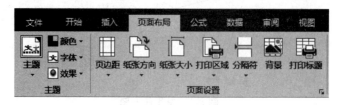

图 8-3　页面设置

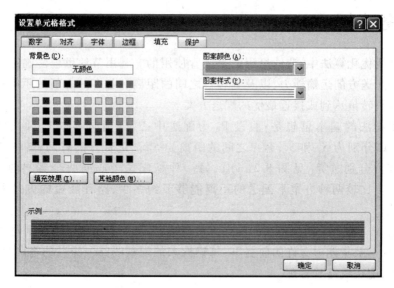

图 8-4　设置背景色

(3)删除背景。设置工作表背景之后,执行"页面布局"→"页面设置"→"删除背景"命令可以删除背景。

(4)打印背景。执行菜单命令"页面布局"→"页面设置"→"删除背景"设置的背景不会被打印出来,也无法预览;执行菜单命令"设置单元格格式"→"填充"设置的背景可以打印出来,也可以预览。

2. 页眉页脚

在 Excel 中,页眉页脚不经常使用。在页眉页脚中可以添加文字、图片,这些图片可以打印或者预览。

(1)如图 8-5 所示,执行菜单命令"插入"→"文本"→"页眉页脚"后,弹出页眉页脚设置页面,其中包含可以插入的页眉页脚元素的内容。

(2)如图 8-6 所示,单击"单击可添加页眉",再单击图 8-5 中的"图片"按钮。选择图片后,可以将其添加为页面背景,该背景也可以打印和预览。去除页眉页脚,图片也随之被删除。

图 8-5 页眉页脚设置

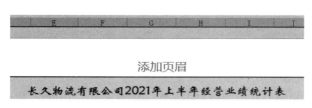

图 8-6 页眉页脚页面

3. 公式计算

本任务主要使用自定义公式,需要在运算表达式中引用单元格地址。注意不要出错,否则会导致数据偏差,这里一般是相对地址引用。

4. 图形绘制

本任务中主要是绘制自选图形,涉及直线的处理,以及自选图形的组合;还将使用文本框标识数据。

5. 数据排序

数据排序主要涉及对节约里程表内的数据按降序排列。在排序过程中,注意标题行的应用。当弹出"排序"对话框(见图 8-7)后,不要选择"数据包含标题"选项,否则标题行出现位移。另外,要注意选择排序的主关键字和次关键字。增加次关键字可以单击"添加条件"按钮,可增加次关键字,还可以设置排序的参数,如图 8-8 所示。

图 8-7 "排序"对话框

图 8-8 设置排序选项

五、Excel 操作

(1) 新建 Excel 工作簿，查找一张运输地图，将其作为工作表的背景。在工作表 Sheet1 中，根据给定的任务做出运输里程表，如图 8-9 所示。

	A	B	C	D	E	F	G
1				运输里程表			
2	需求量	P					
3	1.5	8	A				
4	1.7	8	12	B			
5	0.9	6	13	4	C		
6	1.4	7	15	12	9	D	
7	2.4	10	16	18	16	12	E

图 8-9 运输里程表

(2) 根据节约里程公式，做出相关节点之间的节约里程表，如图 8-10 所示。

要计算 A、B 之间的节约里程，将配送中心 P 到客户 A、B 之间的距离加在一起，再减去 A、B 客户之间的距离，就得到两点之间节约的里程。建立节约里程表，并在 C10:C19 单元格输入下节约里程公式，运行后得到如图 8-11 所示的数据。所有计算公式使用的是绝对地址。Excel 中显示表格内计算公式功能是执行菜单"公式\公式审核\显示公式"。

	序号	路线	节约里程
9			
10	1	AB	=IF(($B$3+$B$4-$C$4)<0, 0, $B$3+$B$4-$C$4)
11	2	BC	=IF(($B$4+$B$5-$D$5)<0, 0, $B$4+$B$5-$D$5)
12	3	CD	=IF(($B$5+$B$6-$E$6)<0, 0, $B$5+$B$6-$E$6)
13	4	DE	=IF(($B$6+$B$7-$F$7)<0, 0, $B$6+$B$7-$F$7)
14	5	EA	=IF(($B$3+$B$7-$C$7)<0, 0, $B$3+$B$7-$C$7)
15	6	AC	=IF(($B$3+$B$5-$C$5)<0, 0, $B$3+$B$5-$C$5)
16	7	AD	=IF(($B$3+$B$6-$C$6)<0, 0, $B$3+$B$6-$C$6)
17	8	BD	=IF(($B$4+$B$6-$D$6)<0, 0, $B$4+$B$6-$D$6)
18	9	BE	=IF(($B$4+$B$7-$D$7)<0, 0, $B$4+$B$7-$D$7)
19	10	CE	=IF(($B$5+$B$7-$E$7)<0, 0, $B$5+$B$7-$E$7)

图 8-10 节约里程表

图 8-11 节约里程数据

(3) 按节约里程由大到小排序。针对图 8-11 所示的表格，以节约里程数按降序排列，得到如图 8-12 所示的表格。如果排序后的数据与图 8-11 中所示表格的相应单元格数据不符，将图 8-11 中公式的引用地址转换为绝对地址。

	序号	路线	节约里程
9			
10	2	BC	10
11	4	DE	5
12	1	AB	4
13	3	CD	4
14	8	BD	3
15	5	EA	2
16	6	AC	1
17	7	AD	0
18	9	BE	0
19	10	CE	0

图 8-12 排序后数据

(4)制定单独配送路线。在工作表 Sheet 2 中画出如图 8-13 所示的线路,确定单独配送路线,得出初始单独配送的路线长度为 39×2=78(km)。

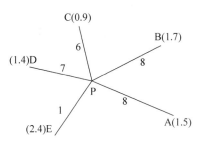

图 8-13 单独运输路线

(5)共同配送方案。根据图 8-12 所示的数据,由 B、C 客户开始配装,参考图 8-13 中所示的各客户配送货物重量。由于只有 3 辆 2t 的车和 2 辆 4t 的车。很显然,从货物的需要量来看,不适合使用 2t 车辆。

按节约最大的里程数来看,可以将 BC、CD 两点和配送中心连线,且货物总量为
$$Q = Q_B + Q_C + Q_D = 1.7 + 0.9 + 1.4 = 4.0(t)$$
正好可以装满一辆 4t 的货车,因此 M 方案的路线为 P—B—C—D—P。

由于 DE 已经包括 D 用户,因此 EA 就是最大节约里程数,因此可以将 E、A 两个用户和配送中心连线,并且货物总量为
$$Q = Q_E + Q_A = 2.4 + 1.5 = 3.9(t),小于 4t$$
所以可以采用一辆 4t 货车来装载。

虽然可以用一辆 4t 和一辆 2t 的货车为两个客户分别送货,但是从节约成本的角度来看,使用一辆 4t 的货车是最经济的。因此,N 路线为 P—E—A—P。

将共同配送各客户节点连接起来,形成了两次配送路线,制定出 M 和 N 两条配送路线,如图 8-14 所示。

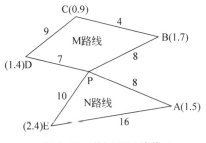

图 8-14 共同配送路线

(6)计算节约的里程和时间。采用 M、N 两条路线运输流程为
$$PB + BC + CD + DP + PE + EA + AP$$
$$= 8 + 4 + 9 + 7 + 10 + 8 + 16$$
$$= 62(km)$$

因此,比单独配送节约里程 78−62=16(km),节约时间为 16÷40=0.4(h)。

(7) Excel 计算。在工作表 Sheet 2 中输入如图 8-15 所示的数据与公式,计算出结果。

	A	B
1	单独配送里程(km)	78
2	M路线(km)	28
3	N路线(km)	34
4	节约里程(km)	=B1-B2-B3
5	车行速度(km/h)	40
6	节约配送时间(h)	=B4/B5

⟹

	A	B
1	单独配送里程(km)	78
2	M路线(km)	28
3	N路线(km)	34
4	节约里程(km)	16
5	车行速度(km/h)	40
6	节约配送时间(h)	0.4

图 8-15 配送数据计算

六、思考题

1. 单选题

(1) 在 Excel 中,比较运算符公式返回的计算结果为(　　)。

A. T　　B. F　　C. 1　　D. True 或 False

(2) 在 Excel 中,错误单元格一般以(　　)开头。

A. $　　B. #　　C. @　　D. &

(3) 在 Excel 2016 中,排序对话框中的"升序"和"降序"指的是(　　)。

A. 数据的大小　　B. 排列次序

C. 单元格的数目　　D. 以上都不对

(4) 在 Excel 2016 中,最多可以按(　　)个关键字排序。

A. 3　　B. 8　　C. 32　　D. 64

(5) 如果公式中出现"#DIV/0!",表示(　　)。

A. 结果为 0　　B. 列宽不足　　C. 无此函数　　D. 除数为 0

2. 多选题

(1) 在 Excel 2016 中,若要为指定的单元格或区域定义名称,可采用的操作是(　　)。

A. 执行"公式"选项卡下的"定义名称"命令

B. 执行"公式"选项卡下的"名称管理器"命令

C. 执行"公式"选项卡下的"根据所选内容创建"命令

D. 只有 A 和 C 正确

(2) 下列关于 Excel 公式的说法正确的有(　　)。

A. 公式中可以使用文本运算符

B. 引用运算符只能使用冒号和逗号

C. 函数中不可使用引用运算符

D. 所有用于计算的表达式都要以等号开头

(3) 在下列选项中,要给工作表重命名,正确的操作是(　　)。

A. 按功能键 F2

B. 右击工作表标签,然后选择"重命名"

C. 双击工作表标签

D. 先单击选定要改名的工作表,再单击它的名字

(4)以下关于 Excel 2016 的排序功能的说法正确的有(　　)。

  A. 按数值大小排序   B. 按单元格颜色排序

  C. 按字体颜色排序   D. 按单元格图标排序

(5)下列关于 Excel 2016 的排序功能的说法正确的有(　　)。

  A. 可以按行排序   B. 可以按列排序

  C. 最多允许有三个排序关键字   D. 可以自定义序列排序

3. 实操题

利用节约里程法解决运输配送问题。

设配送中心 P_0 向 7 个客户 P_i 配送货物,其配送路线网络、配送中心与客户的距离以及用户之间的距离如图 8-16 所示。图中括号内的数字表示客户需求量(单位:t),线路上的数字表示两个节点之间的距离(单位:km)。配送中心有 2 辆 4t 卡车和 2 辆 6t 的卡车可供使用。

(1)试用节约里程法制订最优配送方案。

(2)设配送中心在向客户配送货物的过程中,单位时间平均支出成本为 45 元。假定卡车行驶的平均速度为 25km/h,试问采用优化后的方案比单独向各客户配送货物可节约多少费用?

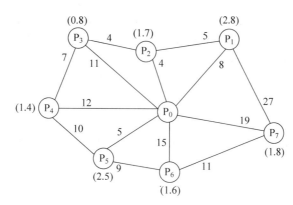

图 8-16　题图

任务九

利用 Excel 规划求解功能解决运输配送量问题

关键词：规划求解、Sumproduct 函数。

学习目标：通过求解配送货物时最少运输费用的问题，掌握 Excel 规划求解功能，能够举一反三，通过大量的数据分析解决其他类似问题。

一、物流知识说明

1. 货物运输路线选择的目标

运输路线选择的目标实际上是多元的，应根据运输的具体要求、企业的实力及客观条件来确定，制订方案时用的目标值不易计算，因此要尽可能选择单一化的目标值，以便求解和增加其实用性。常见的目标有以下两个。

（1）效益最高或成本最低。当有关项目数据容易得到且易于计算时，可以将效益最高或成本最低作为目标。

（2）运输里程最短。如果运输成本与运输里程相关性较强，而和其他因素相关性较弱，运输里程最短的实质就是运输成本最低。此时，考虑以运输里程最短作为目标，可以简化运输路线选择和运输工具的调配方法。值得注意的是，当运输成本不能通过运输里程来反映时，比如道路收费、道路运行条件严重影响成本时，单以运输里程最短为目标将不适宜。

2. 货物运输路线选择的约束条件

路线选择目标的实现过程受很多条件的限制，因而必须在约束条件下寻求成本最低或路线最短。常见的约束条件有以下几项。

（1）满足所有收货人对货物品种、规格、数量的要求。

（2）满足收货人对货物发、到时间范围的要求。

（3）在允许通行的时间内运送。

（4）各路线运送的货物均不得超过运输工具容积和载重量的限制。

（5）在企业现有运力允许的范围之内。

二、操作任务

华伟商贸公司在长春有 3 个仓库 A_1、A_2、A_3 和 4 个销售点 B_1、B_2、B_3、B_4。现在要将货物从 3 个仓库运往 4 个销售点。各发点(仓库)的总发货量、各收点(销售点)的总收货量要相等,A_i 到 B_j 的单位运价为 C_{ij},如表 9-1 所示($i=1,2,3;j=1,2,3,4$)。如何组织运输才能使总运费最少?

表 9-1　货物运价表　　　　　　　　　　　　　单位:元

发点	收　点				产量
	B_1	B_2	B_3	B_4	
A_1	9	18	1	10	9
A_2	11	6	8	18	10
A_3	14	12	2	16	6
需求量	4	9	7	5	25

三、任务分析

本任务提出的物流运输问题一般是采用表上作业法求解,求解过程中一般用到如下方法:最小元素法、位势法和闭回路法。

1. 最小元素法

在最小元素法中,元素是指单位运价。其基本思想是:运价最便宜的货物优先调运,得到初始解决方案。

2. 位势法

通过最小元素法求得的只是一个初始方案,该方案是否合理还需要一个验证的过程。位势法仅仅是验证方案是否合理,不能起到调整方案的作用。

3. 闭回路法

另一种验证初始方案的方法是闭回路法,其含义是:如果已确定某一调运方案,从表中某一空格出发(无调运量的格子),沿水平方向或垂直方向前进,遇到某个有调运量的格子可以转 90°,也可以穿越继续前进。如此继续下去,经过若干次转折,一定能回到出发时的空格。这样形成的一条由水平和垂直线段组成的封闭折线称为闭回路。

在表上作业法中,闭回路是重要的概念之一,它既可以计算检验数,又可以调整调运方案。由于数字格对应基变量(有调运量),其检验数均为零,而我们考虑的是非基变量(无调运量)的检验数,所以只研究从非基变量出发所形成的闭回路。

综合来看,利用表上作业法求解的过程比较麻烦。Excel 提供了很多求解问题的方法,"规划求解"就是其中的一种,只要建立相应的数据模型,Excel 会很快给出结果。

4. 运用 Excel 的规划求解功能进行优化分析的步骤

（1）根据题意，设置问题的决策变量和目标函数。
（2）根据题意及决策变量与目标函数，得出本问题的线性规划模型。
（3）根据约束条件构建 Excel 模型。
（4）根据规划模型设置规划求解参数。
（5）获得规划求解结果。

5. 建立数据模型

假设 x_{ij} 为从产地 A_i 运往销地 B_j 的运输量，得到如表 9-2 的货物运输量表。结合货物运价表和货物运量表，得到本任务运费 C 的数学模型：

$$C = 9x_{11} + 18x_{12} + x_{13} + 10x_{14} + 11x_{21} + 6x_{22} + 8x_{23} + 18x_{24} + 14x_{31} + 12x_{32} + 2x_{33} + 16x_{34}$$

表 9-2 货物运量表

发点	收点				产量
	B_1	B_2	B_3	B_4	
A_1	x_{11}	x_{12}	x_{13}	x_{14}	9
A_2	x_{21}	x_{22}	x_{23}	x_{24}	10
A_3	x_{31}	x_{32}	x_{33}	x_{34}	6
需求量	4	9	7	5	25

通过任务可知，仓库库存数量与运量之间的关系如下：

$$x_{11} + x_{12} + x_{13} + x_{14} = 9$$
$$x_{21} + x_{22} + x_{23} + x_{24} = 10$$
$$x_{31} + x_{32} + x_{33} + x_{34} = 6$$

客户需求量与运量之间的关系如下：

$$x_{11} + x_{21} + x_{31} = 4$$
$$x_{12} + x_{22} + x_{32} = 9$$
$$x_{13} + x_{23} + x_{33} = 7$$
$$x_{14} + x_{24} + x_{34} = 5$$

其中，$x_{ij} \geq 0 (i=1,2,3; j=1,2,3,4)$。

四、Excel 知识要点

1. 规划求解

规划求解将对直接或间接与目标单元格中的公式相关联的一组单元格内的数值进行调整，最终在目标单元格公式中求得期望的结果。

在 Office 的重要组件 Excel 中，有一个规划求解的加载宏。加载该宏之后，就可以利用 Excel 的规划求解功能进行求解。

2. 加载规划求解宏

在 Excel 2016 中,单击"文件"→"选项"→"加载项"打开"Excel 选项"对话框。单击图 9-1 中"管理"标签右侧的"转到"按钮,打开"加载宏"对话框,如图 9-2 所示。勾选"规划求解加载项"复选框,然后单击"确定"按钮,即可在菜单"数据"→"分析"工具组找到。如图 9-3 所示,出现"规划求解"按钮。加载规划求解后,以后每次用到也无须重复加载。

图 9-1　Excel 加载项

图 9-2　"加载宏"对话框

图 9-3　加载到数据菜单中

3. SUMPRODUCT 函数

SUMPRODUCT 函数在给定的几组数组中(见图 9-4),将数组间对应的元素相乘,并返回乘积之和。一般在多种产品已知单价和数量的基础上用此函数求产品的总金额。

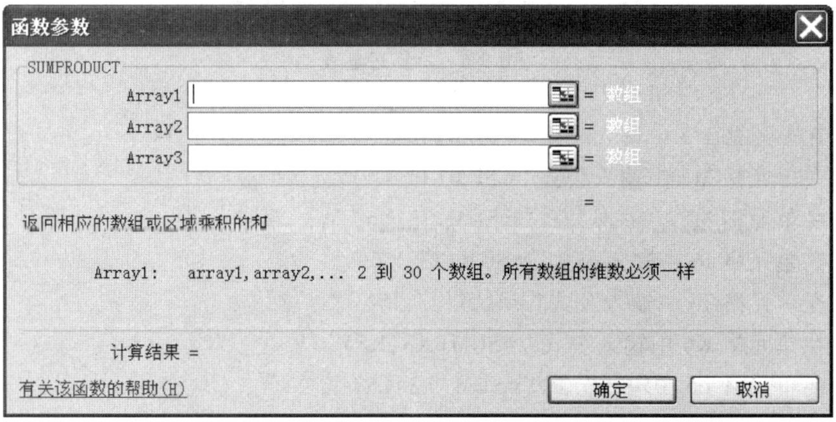

图 9-4　SUMPRODUCT 函数

说明:

(1) 数组参数必须具有相同的维数,否则,函数 SUMPRODUCT 将返回错误值"#VALUE!"。

(2) 函数 SUMPRODUCT 将非数值型的数组元素作为 0 处理。

五、Excel 操作

1. 建立货物运价表

新建 Excel 工作簿,在工作表 Sheet1 中建立如图 9-5 所示的货物运价表。

	A	B	C	D	E	F
1		货物运价表				
2	收 点	发 点				产量
3						
4		B_1	B_2	B_3	B_4	
5	A_1	9	18	1	10	9
6	A_2	11	6	8	18	10
7	A_3	14	12	2	16	6
8	需求量	4	9	7	5	25

图 9-5 货物运价表

2. 建立货物运量表

继续在工作表 Sheet1 中建立如图 9-6 所示的货物运量表。

	H	I	J	K	L	M
		货物运量表				
	收 点	发 点				产量
		B_1	B_2	B_3	B_4	
	A_1					0
	A_2					0
	A_3					0
	需求量	0	0	0	0	

图 9-6 货物运量表

(1) 在单元格 M3 中输入公式"=SUM(I3:L3)"。

(2) 在单元格 M4 中输入公式"=SUM(I4:L4)"。

(3) 在单元格 M5 中输入公式"=SUM(I5:L5)"。

(4) 在单元格 I6 中输入公式"=SUM(I3:I5)"。

(5) 在单元格 J6 中输入公式"=SUM(J3:J5)"。

(6) 在单元格 K6 中输入公式"=SUM(K3:K5)"。

(7) 在单元格 L6 中输入公式"=SUM(L3:L5)"。

3. 输入产品总运费

在 E11 单元格输入"总运费(元):",在 F11 单元格输入运费计算公式"=SUMPRODUCT(B3:E5,I3:L5)"。函数 SUMPRODUCT 在函数列表的"数学与三角函数"中。

4. 设置规划求解参数

执行菜单命令"数据"→"规划求解",打开"规划求解参数"对话框,如图9-7所示,设置相关参数。

图9-7 规划求解参数

(1)设置目标:选定单元格"＄F＄11",计算总运费;再选择"最小值",计算最少运费。

(2)通过更改可变单元格:选择需要求运量的区域＄I＄3:＄L＄5。

① 遵守约束:约束条件是指货物运量表中的产量和需求量分别等于货物运价表中的产量和需求量。即需求量：I6 = B6, J6 = C6, K6 = D6, L6 = E6;产量：F3 = M3, F4 = M4, F5 = M5。

② 在图9-7所示对话框中单击"添加"按钮后,弹出如图9-8所示的对话框,依次添加约束条件：

＄B＄6:＄E＄6＝＝＄I＄6:＄L＄6

＄F＄3:＄F＄5＝＝＄M＄3:＄M＄5

图9-8 "添加约束"对话框

5．求解

（1）所有参数设置完毕，单击图 9-7 中的"求解"按钮，弹出如图 9-9 所示的"规划求解结果"对话框。

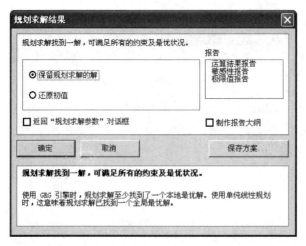

图 9-9 "规划求解结果"对话框

（2）在图 9-8 中单击"确定"按钮后，得到规划求解的结果，即如图 9-10 所示运费最少的最合理的货物配送方案。同时，在单元格 F11 会显示最优运费"155 元"。

	A	B	C	D	E	F
1		运输运量表				
2	收 点	发 点				产量
3						
4		B_1	B_2	B_3	B_4	
5	A_1	3	0	1	5	9
6	A_2	1	9	0	0	10
7	A_3	0	0	6	0	6
8	需求量	4	9	7	5	

图 9-10 规划求解结果

（3）在图 9-9 的"报告"框中有三类报告可选，选择后单击"确定"按钮，完成运算。这里选取"运算结果报告"，确定后，弹出如图 9-11 所示的"运算结果报告"。

（4）勾选图 9-9 中的"返回规划求解参数对话框"前的复选框，执行后返回前一操作界面。

（5）如果在图 9-9 中选择"极限值报告"，将看到规划求解极限值的运算过程，如图 9-12 所示。

（6）在图 9-7 中，单击"选项"按钮，弹出"选项"对话框，用于设置规划求解运行过程中的特定参数，如图 9-13～图 9-15 所示。

任务九 利用 Excel 规划求解功能解决运输配送量问题

	A	B	C	D	E	F	G	H
4	结果：规划求解找到一解，可满足所有的约束及最优状况。							
5	规划求解引擎							
6	引擎：非线性 GRG							
7	求解时间：.015 秒。							
8	迭代次数：0 子问题：0							
9	规划求解选项							
10	最大时间 无限制， 迭代 无限制，Precision 0.000001，使用自动缩放							
11	收敛 0.0001，总体大小 100，随机种子 0，向前派生，需要界限							
12	最大子问题数目 无限制，最大整数解数目 无限制，整数允许误差 1%，假设为非负数							
13								
14	目标单元格 （最小值）							
15	单元格	名称		初值		终值		
16	$F$11	总运费：产量		155		155		
17								
18								
19	可变单元格							
20	单元格	名称		初值		终值		整数
21	$I$3	A1 B1		3		3		约束
22	$J$3	A1 B2		0		0		约束
23	$K$3	A1 B3		1		1		约束
24	$L$3	A1 B4		5		5		约束
25	$I$4	A2 B1		1		1		约束
26	$J$4	A2 B2		9		9		约束
27	$K$4	A2 B3		0		0		约束
28	$L$4	A2 B4		0		0		约束
29	$I$5	A3 B1		0		0		约束
30	$J$5	A3 B2		0		0		约束
31	$K$5	A3 B3		6		6		约束
32	$L$5	A3 B4		0		0		约束
33								
34								
35	约束							
36	单元格	名称	单元格值	公式		状态		型数值
37	$B$6	需求量 B1	4	$B$6=$I$6		到达限制值		0
38	$C$6	需求量 B2	9	$C$6=$J$6		到达限制值		0
39	$D$6	需求量 B3	7	$D$6=$K$6		到达限制值		0
40	$E$6	需求量 B4	5	$E$6=$L$6		到达限制值		0
41	$F$3	A1 产量	9	$F$3=$M$3		到达限制值		0
42	$F$4	A2 产量	10	$F$4=$M$4		到达限制值		0
43	$F$5	A3 产量	6	$F$5=$M$5		到达限制值		0

图 9-11 运算结果报告

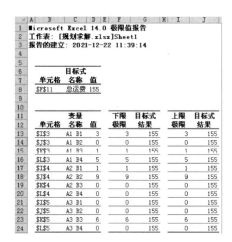

图 9-12 极限值报告

图 9-13 参数设置（1）

图 9-14 参数设置（2）

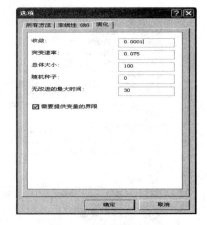
图 9-15 参数设置（3）

六、思考题

1. 单选题

（1）规划求解功能需要从下面（ ）菜单中添加。

  A. 数据   B. 插入   C. 开始   D. 文件

（2）规划求解引用的数据单元格地址是（ ）。

  A. 相对地址   B. 绝对地址   C. 混合地址   D. 无地址

（3）规划求解约束条件如果输入错误需要更改，通过"规划求解参数"对话框中的（ ）命令操作。

  A. 删除   B. 更改   C. 添加   D. 全部重置

（4）在 Excel 2016 中，一个完整的函数包括（ ）。

  A. "＝"和函数名   B. 函数名和变量

  C. "＝"和变量   D. "＝"、函数名和变量

（5）在 Excel 2016 中，要改变数字格式，使用"单元格格式"对话框的（ ）选项。

  A. 对齐   B. 文本   C. 数字   D. 字体

2. 多选题

（1）规划求解提供的报告有（ ）。

  A. 运算结果报告   B. 文件格式报告   C. 极限值   D. 敏感性报告

（2）规划求解可以计算出指定题目的（ ）。

  A. 最大值   B. 最小值   C. 平均值   D. 指定数值

（3）规划求解计算的过程中需要有（ ）。

  A. 目标单元格   B. 约束变量   C. 决策变量   D. 求解方法

（4）下列参数中可以更改规划求解的求解方法的有（ ）。

  A. 目标值   B. 演化

C. 非线性 GRG   D. 单纯性线性规划

(5) 在 Excel 2016 中，下列有关设置打印区域的方法中正确的是(　　)。

　　A. 选定一个区域，然后通过"页面布局"选择"打印区域"，再选择"设置打印区域"

　　B. 在页面设置对话框中选择"工作表"选项卡，然后输入或选择打印区域，确定即可

　　C. 利用编辑栏设置打印区域

　　D. 在分页预览视图下设置打印区域

3. 计算题

(1) 使用规划求解方法解决下述流通加工的问题。

某物流配送中心为了满足不同客户的需求，需要将钢管按客户要求切割后再配送。从钢厂运来的钢管原料每根都是 7.4 米长，客户需要 2.9 米、2.1 米和 1.5 米长的钢管各 100 根。问如何下料使原材料最为节省？

(2) 使用规划求解方法解决下述运输成本问题。

某公司在 A 地有一个生产基地，其生产能力是 400 个产品。随着市场需求的提高以及公司业务量的扩大，现有 3 个配送中心的需求都在增长，预计分别是 200 个、400 个和 300 个。公司准备建立一个生产能力为 500 个的工厂，建在 B 地。从 A 地的工厂向 3 个配送中心供货的单位运输成本分别是 5 元、6 元和 5.4 元，从 B 地的工厂分别向 3 个配送中心的单位运输成本分别是 7 元、4.6 元和 6.6 元。应该怎样分配 A、B 两地到 3 个配送中心的产品量，才能使运输成本最小？

4. 问答题

为什么采用"最小元素法"求解的结果与采用 Excel 规划求解法得出的结果不同，而最优值相同？

任务十

编制物流叉车岗位标准作业卡

关键词：标准作业。

学习目标：通过设置岗位标准作业卡，为表格插入图片文件，进行图片处理，掌握 Excel 图片与表格的适应关系。

一、物流知识说明

1. 标准化作业（SOP）

所谓标准化作业，就是对在作业系统调查分析的基础上，将现行作业方法的每一个操作程序和每一个动作进行分解，以科学技术、规章制度和实践经验为依据，以安全、质量效益为目标，对作业过程进行改善，从而形成一种优化作业程序，逐步达到安全、准确、高效、省力的作业效果。

归根结底，标准化作业就是将某一事件的标准操作步骤和要求以统一的格式描述出来，用来指导和规范日常的工作。

标准化作为一门学科，毫无疑问，应该有它自己的理论。标准化活动是人们为数众多的一种社会实践，而且是有组织、有目的的实践，那么，伴随着这种实践的总结，便是理论的提炼；否则，标准化实践既不可能取得成功，更不可能上升到高级阶段。通过如图 10-1 所示的标准化与非标准化操作比较可以看出效果。

图 10-1　标准化与非标准化比较

现在几乎所有行业都或多或少地实施 SOP，甚至是在不知不觉中实施，尤其是在工厂流水作业线、仓库管理、食品检验、医院护理等方面应用较多。

作业标准是为了实现标准作业而制定的各项标准的总称。

2. 作业标准化的目的

标准化作业有四大目的，包括技术储备、提高效率、防止再发及教育训练。

通过标准化作业，可以将企业积累的技术、经验记录在标准文件中，以免因技术人员流动而使技术流失；使操作人员经过短期培训，快速掌握先进、合理的操作技术；根据作业标准，易于追查不良品产生的原因；树立良好的生产形象，取得客户的信赖与满意。标准化作业是贯彻 ISO 精神核心（说、写、做一致）的具体体现，作业标准是企业的基本技术数据，实现生产管理规范化，生产流程条理化、标准化、形象化、简单化，是企业最基本、最有效的管理工具。

如图 10-2 所示，同一道工序有两个不同的作业顺序，执行作业过程的标准也不一致，那么作业执行过程中肯定会出现问题，会产生截然相反的操作结果。你认为哪一种操作比较合理呢？

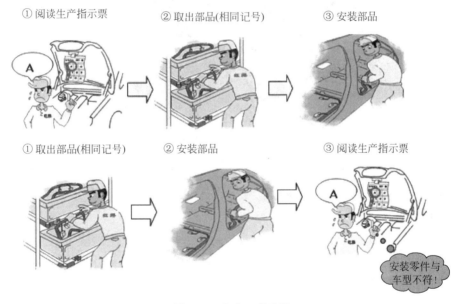

图 10-2　作业工序比较

3. 如何做好作业标准

无论从事哪个物流岗位，都会遇到操作的流程与顺序。也许你认为只要把工作做好，操作过程没必要去遵守硬性规定，但是你的操作是否影响工作效率，是否产生了你没意识到的安全隐患呢？

制定标准化操作流程可以确保生产安全，保证产品质量，减少不必要的执行操作动作浪费，提高生产效率，降低成本。

标准作业卡是物流工作中的岗位作业指导性文件。通过执行标准化作业卡的建立，可以积累企业新产品开发技术、经验和改善成果,降低开发周期和开发成本,预防和减少以往缺陷的重复发生,提高开发效能,实现开发资源共享。

4. 叉车岗位素质能力说明

如图 10-3 所示,叉车操作是每个物流搬运人员必须掌握的技能,而叉车点检是必须执行的操作。叉车点检的目的是通过每班次点检的方式发现叉车作业过程中的隐患事项与问题点,从而及时提高叉车使用寿命,减少作业事故。

图 10-3　作业叉车

叉车点检共包含以下 4 个作业步骤。

(1) 确认点检车辆。

① 走向叉车停放处。

② 根据定人、定车卡,找到自己驾驶的叉车。

(2) 查看上班次点检情况。

① 取出叉车日常点检表。

② 查看上班次点检情况。

(3) 点检叉车。查看过程中如果发现问题应及时向班长汇报。确认问题,这是班前工作的关键步骤。

① 查看车辆外观。外表应清洁、车身无破损。

② 查看前叉部位。链条、链条螺母无松动,前叉架及挡货架无变形、断裂及缺失。

③ 查看液压部位。油管无渗漏,液压升降灵敏,液压杆无变形。

④ 查看轮胎部位。轮胎螺母无松动,轮辋无损坏、变形,车轮无断裂,轮胎磨损不超过安全警戒线。

⑤ 查看警示部位。大灯、转向灯、刹车灯、喇叭、蜂鸣器、灯罩和灯架无损坏。

⑥ 查看电气系统。指示灯正常,插头及电源线无损坏,线路无异常,总电源开关及其支架无损坏。

⑦ 查看控制部位。仪表、刹车、油门踏板、手刹无异常,钥匙孔、方向盘、操作杆使用正常,行走无异响。

⑧ 查看附属装置。座椅、安全带、后视镜无损坏、掉落。

⑨ 更换电池。每日每班次对电池充电、更换电池时间进行记录。

⑩ 行驶公里数。每日下班前如实填写行驶公里数。

(4) 放回点检表。

二、操作任务

由于叉车在仓储配送作业中使用比较频繁,因此对于叉车作业要有作业标准。长春一汽物流有限公司现在着手编制 JIS(准时制线序作业)电动叉车(见图 10-4)岗位作业标准。叉车岗位作业标准制定包含如下内容:JIS 卸货;叉车点检方法卡;叉车上车、下车方法卡。

图 10-4 叉车

三、任务分析

使用叉车不许危及人身安全,不许造成货物损失。对于公司内部叉车的使用,应执行强制性措施,必须小心谨慎驾驶,只能用于规定的用途并遵守有关的安全规定,未经部门许可,不得擅自驾驶车辆出厂。

叉车只允许用于货场内的装卸、搬运作业,禁止运送人员。运输过程中应遵守安全规范,运送货物时应注意平稳,不得将叉车用于提升人员,禁止在叉车上铺设平板作为工作平台使用。

为了保证进度和质量,将叉车作业标准指派相关的人员来完成,再由专人审阅和修改。利用 Excel 制定各项作业标准比较方便,尤其是岗位作业标准涉及内容较多。标准作业卡的编制步骤如下所述。

（1）全面分析要执行的任务，将其分解为若干步骤，确定每一步骤的操作要求。

（2）说明作业要领。收集每一步的素材，包括文字和图片，分析每个步骤要注意的事项，以及不按照标准违规操作可能造成的后果。

（3）作业执行过程中的异常情况处理。

（4）在执行任务的过程中可能用到的防护措施。

（5）利用 Excel 制作标准作业卡表格，添加相应的数据。

（6）打开 Excel 制作的标准作业卡，填写相应的内容。

四、Excel 知识要点

1. 图片的处理

编写标准作业卡要收集大量相关资料的照片，包括每一步的正确操作图片，以及出现异常问题情况或违规操作的图片。

2. 表格设计

标准作业卡的表格比较大，所以要注意表格设计的完整性，以免出错。

3. 单元格合并与拆分

借助于 Excel 原有的单元格，进行适当的合并与拆分。合并与拆分工具包含在如图 10-5 所示的对齐方式工具组中。

（1）单元格合并。

① 合并两个或更多相邻的水平或垂直单元格，一个大的单元格将跨多列或多行显示。

② 合并多个单元格时，如果选择多区域多个单元格都包含数据，当合并到一个单元格时，只保留最左上角单元格的数据。其他单元格的内容都将删除。

③ 要更改合并以后单元格中的文本对齐方式，先选中该单元格，然后单击如图 10-5 所示的对齐方式工具组中的相应按钮。

图 10-5 对齐工具

（2）单元格拆分。

① 若要拆分已合并的单元格，单击合并及居中的 ，或单击合并及居中旁边的下拉按钮，然后单击取消合并单元格。

② 单元格拆分后，合并单元格的内容将出现在拆分单元格区域左上角的单元格中。

4. 数据填写

在 Excel 单元格内，不仅仅可以输入文字，还可以插入图片文件。插入图片后，要调整图片及单元格的大小，使两者能够协调起来。

五、Excel 操作

1. 建立叉车作业标准目录

将工作表 sheet1 更名为"JIS 卸货标准目录",建立如表 10-1 所示表格。

表 10-1 JIS 卸货标准目录

序号	流程卡名称	流程卡编号	修改日期	版本	备注
1	JIS 卸货标准	FAWLOG-BK(LCK)-08-101	2019/8/8	5	
2	叉车点检标准	FAWLOG-BK(FFK)-08-101	2019/8/9	5	
3	叉车上(下)车标准	FAWLOG-BK(FFK)-08-102	2019/8/10	5	

2. 设计标准作业卡第一页表格并填写数据

调整图片大小,以适应整个单元格,格式参考图 10-6 所示标准作业卡表设置,正文为宋体 12 号字,小标题为黑体 12 号字,大标题为黑体 22 号字,所有数据均居中显示。图片下的文字为宋体 11 号字。

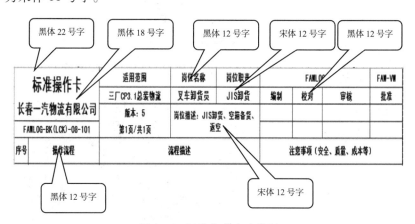

图 10-6 标准作业卡表设置

叉车标准作业卡的第一部分是叉车卸货作业标准及要求。其中,采用图片与文字相结合演示操作过程,如图 10-7 所示。

3. 设计标准作业卡第二页表格并填写数据

参照图 10-8 设计第二张表格,包含作叉车作业点检标准,以及在作业要求以及作业过程中的注意事项。

4. 设计标准作业卡第三页表格并填写数据

如图 10-9 所示,设计第三页标准作业卡。不仅要设计表格,还要完成叉车作业前和完成作业后的上下叉车的注意问题,作业过程中要按照要求去做,防止出现溜车等不良事故。

标准操作卡		适用范围	岗位名称	岗位职责	FAMLOG		FAM-Ⅷ
长春一汽物流有限公司		三厂CP3.1总装物流	叉车卸货员	JIS卸货	编制	审核	批准
FAMLOG-BK(LCK)-08-101		版本：5	岗位描述：JIS卸货、空箱备货、返空		校对	安全、质量、成本等	
		第1页/共1页					
序号	操作流程	流程描述			注意事项（安全、质量、成本等）		
1	点检车辆	上班前，按照工艺车辆点检标准点检车辆，并做好点检记录			具体参照方法卡FAMLOG-BK(FFK)-08-101		
2	等待到货、到货检查	等待到货，零件状态等是否正常，按照《半车到货时间及检查记录清单》检查来货器具单、零件至飞翼打开一侧，将第一个零件器具卸至对应库位，按底盘号排序摆放			注意，等待到货时，叉车需停靠在所属卸货口停靠点内，具体参照方法卡FAMLOG-BK(FFK)-08-103		
3	卸满箱、入库位	开车至飞翼打开一侧，将第一个零件器具卸至对应库位，按底盘号排序摆放"小一大"顺序摆放			具体参照方法卡FAMLOG-BK(FFK)-08-102/104		
4	打印备货单、空箱检查	行驶至Ｗ信息点打印备货单，至空箱处，检查待返器具状态			注意，检查空器具型号与备货单上器具型号一致		
5	返空箱	行驶至空箱处，检查空器具状态，检查完毕后，将对应型号的空器具装上车辆			注意返空器具型号及数量与满箱器具型号及数量应一致，具体参照方法卡FAMLOG-BK(FFK)-08-102/105		
6	重复流程3-5操作	按照流程3-5重复操作，此则卸货返空			注意备货单只需打印一次		

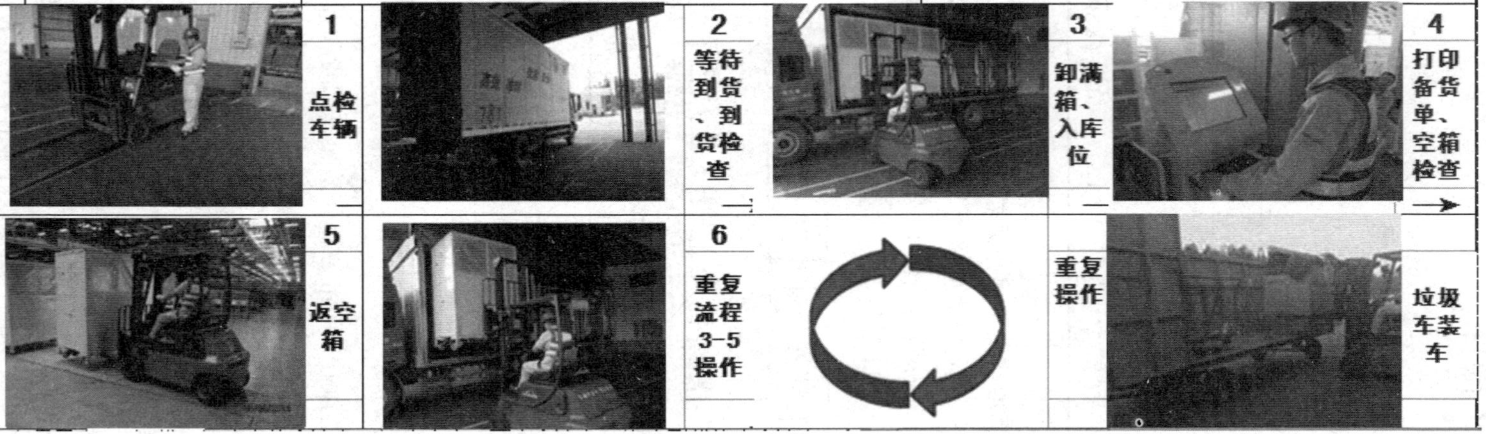

图10-7 第一页标准作业卡

成都一汽国际物流有限公司 点检操作标准

操作名称	叉车点检方法卡	使用范围	叉车岗位	编码	FAWLOG-BX(FFE)-08-101	车型	****	页次 第1页/共2页

序号	操作方法	注意事项	图示
1	上班前,根据定人定车卡找到自己负责的叉车		
2	取出叉车日常点检表,查看上班次车辆点检情况,有异常情况,上报给班长(图一)		图一
3	查看叉车外表是否清洁,车身有无破损,并在点检表上做好记录(图二)		图二
4	走到叉车前端,检查链条、链条螺母有无松动,前叉架及挡货架有无变形、断裂及缺失(图三)		图三
5	检查油管有无渗漏,液压升降是否灵敏,液压杆有无变形,并在点检表上做好记录(图四)		图四
6	检查轮胎螺母有无松动,轮辋有无损坏,变形,车轮有无断裂,轮胎磨损是否超过安全警戒线,并在点检表上做好记录(图五)		图五
7	上车,打开电源开关,检查指示灯是否正常,插头及电源线有无损坏,线路有无异常,总电源开关及支架有无损坏,并在点检表上做好记录(图六)		图六
8	大灯、装箱灯、刹车灯、蓝灯、喇叭、蜂鸣器、灯罩和灯架有无损坏,并在点检表上做好记录(图七)		图七
9	检查座椅、安全带、后视镜、配重有无损坏、摆落,并在点检表上做好记录(图八)		图八

注意事项
1. 工作前必须穿工作服、戴工作帽(安全帽)、劳保鞋;
2. 工作时禁止打闹,严格按照规则制度进行操作;
3. 出现异常时:停止、呼叫、等待(停止操作、呼叫班长、等待处理)。

管理规定明细	管理规定明细	批准	审核	校对	编制
叉车日常点检表	《安全操作规程》《标准作业管理规定》《厂/场内机动车辆管理规定》	FAW-VW	FAW-LOG		

	版本
	5

图 10-8 第二页标准作业卡

操作标准

长春一汽物流有限公司

操作名称	叉车上（下）车标准	使用范围	叉车岗	编码	FAW-LC-ZC-JS01-L005	车型		页次	第1页/共1页

操作方法

序号	操作方法	图示
1	卸货方法卡	图一、图二、图三、图四、图五、图六、图七、图八
2	上车	
3	系好安全带（图一）	
4	将钥匙插进钥匙孔（图二）	
5	打开电源开关（图三）	
6	放下手刹（图四）	
7	行驶至对应位置处	
8	停稳叉车	
9	拉起手刹（图五）	
10	关闭电源（图六）	
11	取下钥匙（图七）	
12	解开安全带（图八）	
13	下车	

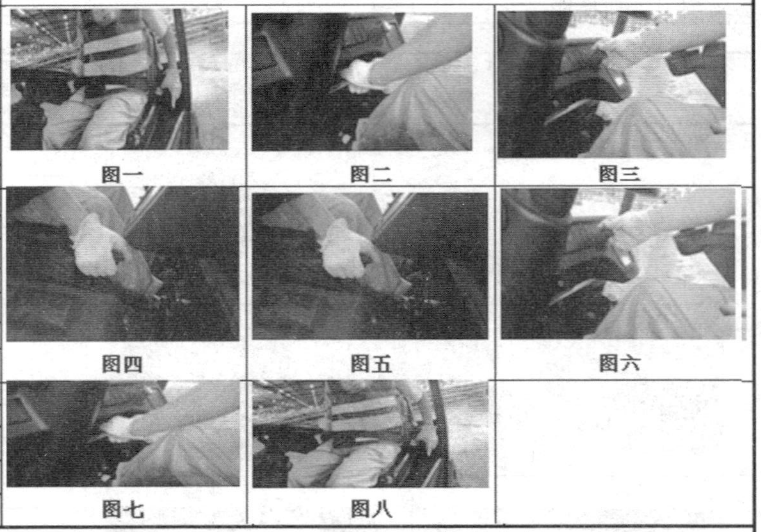

注意事项

1. 工作前必须穿工作服，戴工作帽（安全帽）、劳保鞋；
2. 工作时禁止打闹，严格按照规则制度进行操作；
3. 出现异常时：停止、呼叫，等待（停止操作、呼叫班长、等待处理）。

管理规定明细

《安全操作规程》
《标准作业管理规定》
《厂/场内机动车辆管理规定》

管理记录明细 附 录

编制	校对	审核	批准	版本
		FAW-VW	FAW-LOG	5

图10-9 叉车上（下）车标准

六、思考题

1. 单选题

(1) 在 Excel 工作簿中,下列有关移动和复制工作表的说法正确的是( )。
    A. 工作表只能在所在工作簿内移动,不能复制
    B. 工作表只能在所在工作簿内复制,不能移动
    C. 工作表可以移动到其他工作簿内,不能复制到其他工作簿内
    D. 工作表可以移动到其他工作簿内,也可以复制到其他工作簿内

(2) 若在数值单元格中出现一连串"###"符号,要正常显示单元格,需要( )。
    A. 重新输入数据   B. 调整单元格宽度
    C. 删除这些符号   D. 删除该单元格

(3) 执行"插入"→"工作表"菜单命令,每次可以插入( )个工作表。
    A. 1   B. 2   C. 3   D. 4

(4) 为了区别"数字"与"数字字符串"数据,Excel 要求在输入项前添加( )符号来确认。
    A. "   B. '   C. #   D. @

(5) 在同一个工作簿中区分不同工作表的单元格,要在地址前面增加( )标识。
    A. 单元格地址   B. 公式   C. 工作表名称   D. 工作簿名称

2. 多选题

(1) 单元格内的数据对齐方式可以有( )。
    A. 左对齐   B. 分散对齐   C. 居中   D. 右对齐

(2) 在工作表中插入一张图片后,可以对图片进行的操作有( )。
    A. 边框设置   B. 版式设置   C. 效果设置   D. 旋转设置

(3) 工作表中插入图片后,图片效果设置有( )。
    A. 预设   B. 阴影   C. 发光   D. 爆炸

(4) 调整插入图片的格式,方法有( )。
    A. 更正   B. 颜色   C. 艺术效果   D. 删除背景

(5) 选择某一个单元格后,可以执行( )操作。
    A. 删除文件   B. 删除单元格   C. 删除工作表   D. 删除整行

3. 问答题

标准作业卡有什么作用?在用 Excel 制作的过程中应该注意什么问题?

4. 实操题

选择物流仓储、配送、运输作业过程中的适当岗位(比如理货员、仓库管理员、货车司机等)绘制相应的标准作业卡。注意,岗位操作要按步分解,每一步操作规范以及可能出现的问题要详细解释、说明。查找对应的图片进行图文说明。

任务十一

岗位周工作计划及总结的编写

关键词：摄像机、图片、图表、页面设置。

学习目标：通过编写物流岗位工作计划及总结，掌握 Excel 摄像机功能、图片处理、图表绘制、页面设置以及大量文本框的使用方法。

一、物流知识说明

根据美国物流管理协会（Council of Logistics Management）的定义，物流是为满足消费者需求而进行的对原材料、中间库存、最终产品及相关信息从起始点到消费地的有效流动，以及为实现这一流动而进行的计划、管理和控制过程。

物流行业的计划性比较强，不管是快递业，还是其他物流领域，都需要比较强的工作计划性，以便满足客户第一时间的需求，保证生产的连续性，为客户赢得更大的利益。因此，做好物流工作的计划和总结至关重要。

岗位工作计划和总结对工作既有指导作用，又有推动作用。搞好工作计划是建立正常的工作秩序、提高工作效率的重要手段。

1. 做好岗位工作计划和总结的意义

做好工作计划和总结实际上就是对自己工作的一次盘点，做到清清楚楚、明明白白。古代军事家孙武说过："用兵之道，以计为首。"其实，无论是单位还是个人，无论办什么事情，事先都应该有个打算和安排。有了计划，工作就有了明确的目标和具体的步骤，就可以协调大家的行动、增强工作的主动性，减少盲目性，使工作有条不紊地进行。同时，计划本身是对工作进度和质量的考核标准，有较强的约束和督促作用。

作为管理者，必须知道部门的工作任务与目标，明确方向，知道自己的工作内容，如何干好这些工作，什么人来干这些工作，工作进度怎么安排，掌握哪些可以使用的资源。

管理人员通过工作计划，利用可以使用的资源，统筹规划，按照设定的策略、方法、完成时间与要求，完成各项工作目标，充分体现自己的管理水平与能力。

2. 做好工作计划的四大要素（3W1H）

（1）工作内容：做什么（What）——工作目标和任务。计划应规定在一定时间内所要完成的目标、任务和应达到的要求。任务和要求应该具体、明确,有的还要做出数量、质量和时间要求。

(2) 工作方法:怎么做(How)——采取措施和策略。要明确何时实现目标和完成任务,必须制定出相应的措施和办法,这是实现计划的保证。措施和方法主要指达到既定目标需要采取什么手段,动员哪些力量与资源,创造什么条件,排除哪些困难等。

要根据客观条件统筹安排,将"怎么做"写得明确、具体,切实可行。特别是针对工作总结中存在的问题进行分析,拟定解决问题的方法。

(3) 工作分工:谁来做(Who)——工作负责。这是指执行计划的工作程序和时间安排。每项任务在完成过程中都有阶段性,而每个阶段又有许多环节,它们之间常常是互相交错的。因此,制订计划必须胸有全局,哪些先干,哪些后干,应合理安排。在实施当中,有轻重缓急之分,哪些是重点,哪些是一般,也应该明确。

(4) 工作进度:何时做(When)——完成期限。在时间安排上,既要有总的时限,又要有每个阶段的时间要求,以及人力、物力安排,使有关单位和人员知道在一定的时间内、一定的条件下,把工作做到什么程度,争取主动,有条不紊地协调实施。

3. 做好岗位工作总结

工作总结通常包括以下几方面的内容。

(1) 工作完成情况。定期检查工作完成情况,包括对工作的主客观条件、有利条件和不利条件,以及工作环境和基础等方面的分析。

(2) 工作中取得的成绩和存在的缺点。工作中成绩如何,表现在哪几个方面,是怎样取得的;工作中缺点有多少,表现在哪些方面,性质如何,怎样产生的,等等,这些都不可缺少。

(3) 经验与教训。通过分析成绩和缺点,得出经验与教训,进行分析、研究和概括,并上升到理论的高度来认识,供今后在工作中借鉴。

(4) 存在的问题和改善意见。指出尚未解决的问题,并提出解决方法和改进意见。编写总结提纲后,在具体的写作过程中,必须简明扼要、条理清晰、详略得当。

二、操作任务

某企业物流部工作人员需要定期编写周工作计划和周工作总结。在工作计划中,需要对下一周工作做出整体安排,然后根据工作进度安排,完成每天的工作任务,作为后期检查完成情况的依据,具体要求如下。

1. 周工作进度安排

如图 11-1 所示,按时间节点(周一到周六,每日 8:00—22:00 工作和个人时间)进行周工作进度安排,预定任务安排用红色字标识。一周结束时,要统计本周工作执行情况,进度执行情况在本周预定任务的下方统计,完成情况用黑色字标识。

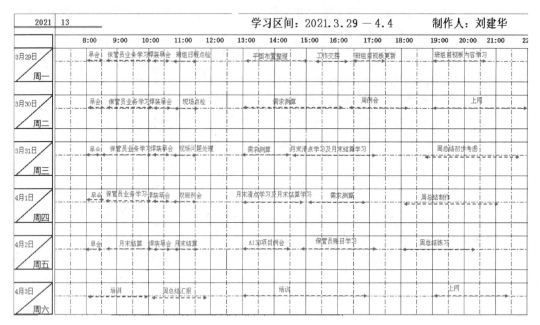

图 11-1　周工作预定表

2. 周工作总结

（1）对完成周的工作按进度检查，统计并汇总各项数据，标示出完成情况。

（2）总结完成周的工作，包含工作内容完成情况，工作中遇到的问题及解决方法，对下周工作的展望等，如图 11-2 所示。

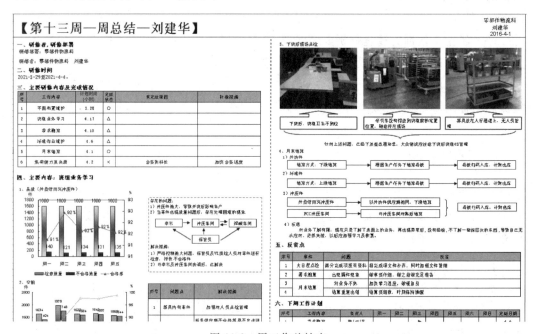

图 11-2　周工作总结表

三、任务分析

不管从事什么职业,计划总结是每一个人经常要做的。对于企业来说,常使用 Excel 来做总结,不仅文字操作比较方便,而且图表、图片操作也比较简单。由于总结内容包含的数据比较多,所以一般采用 A3 页面处理,因此在企业管理过程中称其为 A3 资料。A3 资料需要包含以下几方面的内容。

1. 本周工作预定表及完成情况

要对本周工作进度及完成情况做图示标定,哪些完成,哪些未完成,以不同的颜色标识。进度表版面如表 11-1 所示。

表 11-1　周工作预定表内容

	标　题　栏
周时间节点	每日时间节点
	预定工作进度示意图
	进度完成示意图
	预定工作进度示意图
	进度完成示意图
	预定工作进度示意图
	进度完成示意图

2. 周工作总结表

周工作总结表包含以下内容:具体岗位人员,时间节点,工作内容和完成情况及出现的问题,工作中需要反思、提高的内容,下一周工作提示要点。

周总结表的版面如表 11-2 所示。

表 11-2　周总结表内容

标　题　栏	
总结人员	班组业务学习
总结时间	
主要研修内容及完成情况	工作过程需要改进反省点
主要内容:班组业务学习	下周工作要点说明

3. 下一周工作预定表

下一周工作预定表标示出下一周工作的进度安排,可参见表 11-1。

四、Excel 知识要点

编写 A3 资料涉及较多的知识,这里主要是编写周工作总结。周工作资料主要有周工作预定表和周工作总结表两部分,主要涉及以下内容。

1. 页面设置

本任务 Excel 操作过程中,需要首先将纸张大小设置为 A3。

2. 文本框的使用

由于 Excel 表格的限制,不能在任意位置写入数据,所以周工作预定表和周工作总结表中都要大量使用文本框来填充数据。添加文本框后,注意将边线和底色调整为"无填充色"。

3. 照相机的使用

在周工作表编制过程中涉及表格数据的处理,这些表格可以作为附加数据在其他工作表中完成。如果要将该表数据添加到当前周工作表内,可以使用具有摄影功能的"照相机"。

(1) 作用。照相机用于拍摄表格,将照片以图片的形式插入当前工作表,不过该照片会随着"底片表格"数据的改变而改变。

(2) 添加。选择"文件"→"选项"→"快速访问工具栏"→"不在功能区中的命令",弹出如图 11-3 所示的窗口。找到"照相机",并将其添加到工具栏中,确定后,可以看到该功能。

图 11-3　添加照相机

4. 图表的应用

在编写周工作总结的过程中,要用图表统计和显示数据,一般使用柱状图和饼图。

5. 自选图形的处理

在做工作预定过程中,需要绘制自选图形,一般使用直线和箭头两种线型。

6. 图片的应用

在编写工作总结的过程中,可能需要插入工作图片来说明,注意图片大小和文字环绕方式的设置。

五、Excel 操作

1. 周工作预定表操作

如图 11-4 所示的是周工作预定表,表示出周一到周六每天 8:00—22:00 的时间(工作时间和个人时间)安排,箭头指示对应的时间段要完成的工作。针对不同的情况,可以修改调整,包含每个时段要执行的任务。

表格设计的步骤如下所述。

（1）如图 11-4 所示，利用 Excel 设置预定表的结构。

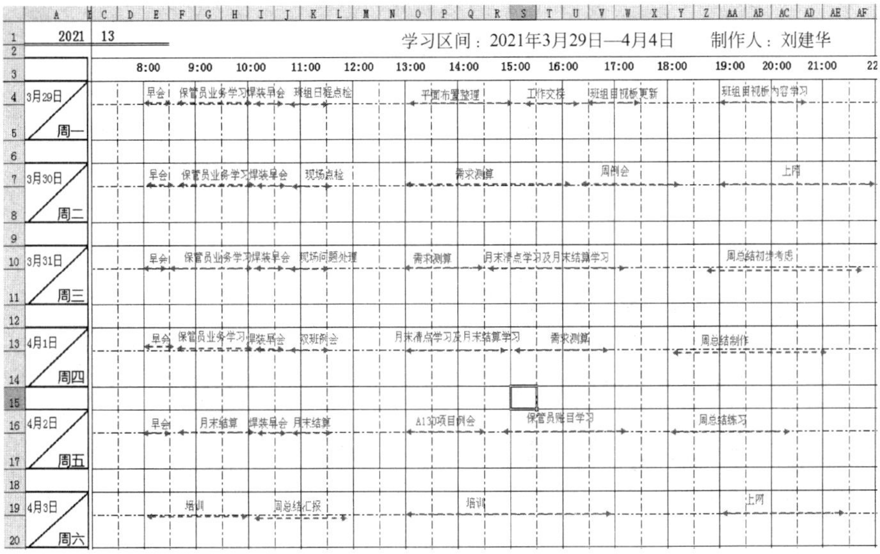

图 11-4　周工作预定表

（2）用自选图形"箭头"标定时间进度，利用"文本框"添加执行任务的内容，文字和内容设置为"红色"。

2. 周工作预定表的执行表

如图 11-5 所示的是本周工作预定表的执行表，包含预定情况和实际执行情况总结。

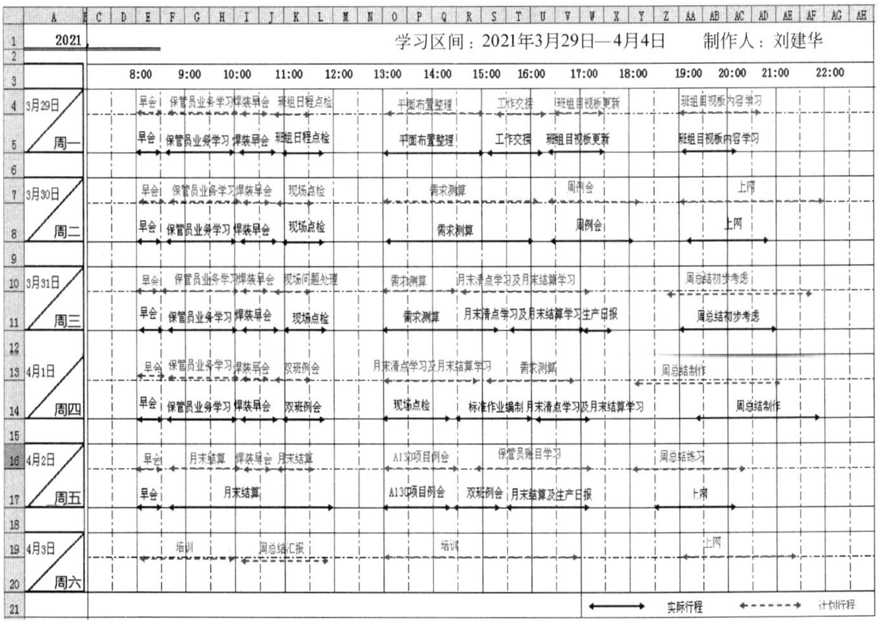

图 11-5　周工作预定表执行表

其中，相同内容红色虚线部分是预定计划时间进度，黑色实线箭头部分是计划实际执行的时间进度情况。具体操作过程可以参见上一步。

周工作预定表的执行图表设置如图 11-6 所示，图中使用的数据均来源于"附件"工作表的处理，其中包含工作时间统计表、工作完成情况表。

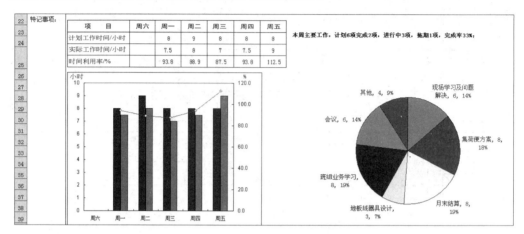

图 11-6　周工作预定表执行表的图表表示

（1）工作时间统计图表。首先建立名为"附件"的工作表。在此工作表中添加工作时间统计表，统计本周理论工作时间和实际执行时间并填写到表 11-3 中。对"时间利用率"数据进行统计计算，公式为"＝实际工作时间/计划工作时间"。然后，使用摄影"照相机"功能，将其拍摄到该位置。

表 11-3　工作时间统计表

项　　目	周六	周一	周二	周三	周四	周五
计划工作时间/小时		8	9	8	8	8
实际工作时间/小时		7.5	8	7	7.5	9
时间利用率/%		93.8	88.9	87.5	93.8	112.5

（2）生成工作时间利用率柱形图。

① 根据表 11-3 所示的数据，执行菜单命令"插入"→"图表"→"柱形图"，生成如图 11-7 所示的工作时间利用率簇状柱形图。

② 右击图 11-7 中的工作时间利用率簇状柱形图，在弹出的快捷菜单中选择修改图表类型，将其更改为折线图，如图 11-8 所示。

③ 添加次坐标轴。右击图 11-8 内的"时间利用率折线图"，在弹出的快捷菜单中选择"数据系列格式"，在对话框内选择"坐标轴"→"次坐标轴"，时间利用率作为次坐标轴显示，如图 11-9 所示。

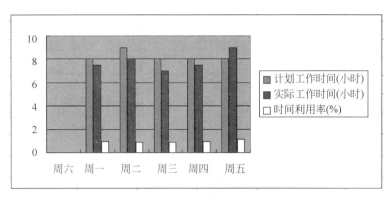

图 11-7 工作时间利用率簇状柱形图

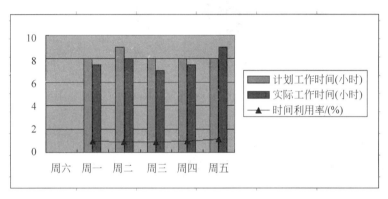

图 11-8 折线图

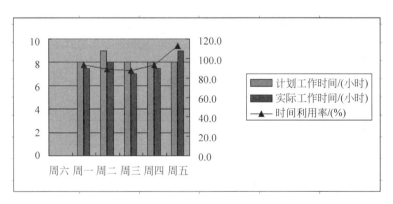

图 11-9 次坐标轴

（3）生成工作完成情况饼图。

① 在"附件"工作表中添加工作完成情况表，统计本周工作完成情况，如表 11-4 所示。

表 11-4　工作完成情况表　　　　　　　　　　　　　　　　　单位：小时

现场学习及问题解决	集荷便方案	月末结算	地板线器具设计	班组业务学习	会议	其他
6	8	8	3	8	6	4

② 根据表11-4生成工作完成情况饼图，如图11-10所示。右击饼图，在弹出的快捷菜单中选择"数据系列格式"，完成相应的设置。

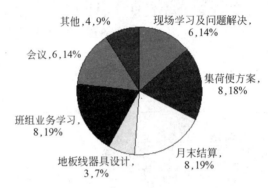

图 11-10　饼图（单位：小时）

3. 周工作总结表

周工作总结表如图11-11所示，其中各部分的制作过程如下所述。

（1）制作工作完成情况统计表。

① 在附件工作表中添加工作完成情况统计表，如表11-5所示。

表 11-5　工作完成情况统计表

序号	工作内容	计划时间	完成状态	未完成原因	补救措施
1	平面布置维护	3.28	○		
2	班组业务学习	4.17	△		
3	需求测算	4.10	△		
4	标准作业维护	4.6	△		
5	月末结算	4.1	○		
6	集荷便方案决裁	4.2	×	会签到科长	加快会签进度

② 使用"照相机"功能将其拍摄到该位置周工作总结表中。

③ 表中"○"表示工作已经完成。

④ 表中"×"表示工作延期。

⑤ 表中"△"表示工作正在进行。

（2）制作外委冲压件品质表。

① 在附件工作表中建立"外委冲压件品质表"，如表11-6所示。

表 11-6 外委冲压件品质表

项　　目	周一	周二	周三	周四	周五
检查数量/件	1 600	1 600	1 600	1 600	1 600
不合格数量/件	140	121	134	131	135
合格率/%	91.25	92.44	91.63	91.81	91.56

② 建立如图 11-11 所示的簇状柱形图。

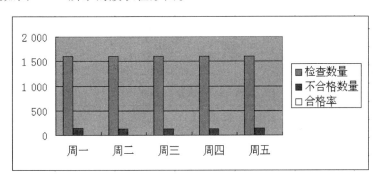

图 11-11　外委冲压件品质柱形图

③ 右击图 11-11 中的绘图区,在弹出的快捷菜单中选择"图表类型",在对话框中选择"自定义类型"→"两轴线-柱图"。

④ 右击图 11-11 中的"检查数量",将颜色设置为"双色"→"蓝黑"→"中心辐射",如图 11-12 所示。

⑤ 右击图 11-11 中的绘图区,选择"图表选项"→"数据标志"→"值",如图 11-12 所示。

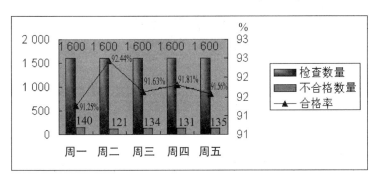

图 11-12　外委冲压件品质柱形图设置结果

(3) 存在问题处理。添加文本框,输入"存在的问题"相关内容,如图 11-13 所示。通过菜单命令"插入"→"形状",绘制出相应的图形。

(4) 制作空箱器具图表。

① 在附件工作表中做如表 11-7 所示的空箱器具表。

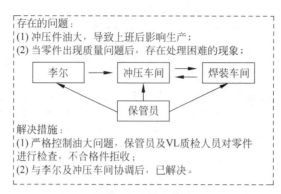

图 11-13　存在问题

表 11-7　空箱器具表

项　　目	周一	周二	周三	周四	周五
入场器具/件	1 634	1 979	1 622	1 642	1 563
返厂器具/件	1 404	1 748	1 584	1 597	1 544
出库率/%	86	88	98	97	99

② 根据表 11-7 做出空箱器具柱状图,选择数据,然后执行菜单命令"插入"→"图表"→"自定义类型"→"两轴线—柱图",在图标中做出相应的设置,结果如图 11-14 所示。

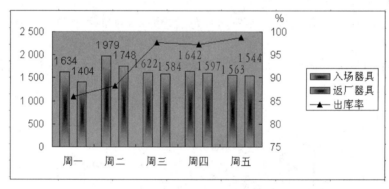

图 11-14　空箱器具柱形图

（5）器具问题汇总表。在附件工作表中添加如表 11-8 所示的器具问题汇总表,然后使用"照相机"功能将其拍摄到对应位置。

表 11-8　器具问题汇总表

序号	问　题　点	解　决　措　施
1	器具内有零件	加强对人员点检管理
2	器具损坏	联系供应商不合格器具不允许进厂
3	空箱返却单器具数与实物不符	加强对人员点检管理,设立点检制度,对保管员精心考核
4	部分供应商器具数不足	及时返厂

（6）班后现场点检。插入预先拍摄好的图片，并用"上箭头标注"形状进行标注，如图 11-15 所示。

图 11-15　班后现场点检

（7）月末结算。执行"插入"→"形状"命令，插入自选图形，生成如图 11-16 所示的相应内容。

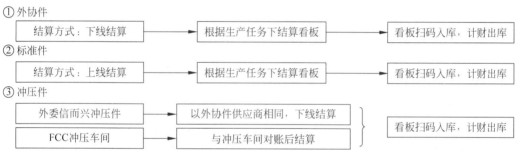

④ 反思

对业务了解有限，现在只是了解了表面上的业务，再出现异常后，没有经验，不了解一些深层次的东西，导致自己无从应对、茫然失措，以后应加强学习及积累。

图 11-16　月末结算

（8）反省点。在附件工作表中添加如表 11-9 所示的反省点表，然后利用"照相机"功能将其拍摄到指定位置。

表 11-9　反省点

序号	事　件	问　题	反　省
1	大日程点检	部分完成项没有资料	将完成项文件补齐，同时加强文件管理
2	需求测算	出现漏件现象	做事要仔细，做之前做充足准备
3	月末结算	对业务不熟	加快学习进度，做好自身
4		结算重复出错	结算要细致，时刻保持清醒

（9）下周工作计划表。在附件工作表中添加如表 11-10 所示的下周工作计划表，然

后利用"照相机"功能将其拍摄到该位置。

表 11-10 下周工作计划

序号	工作内容	负责人	周一	周二	周三	周四	周五	周六	周日	完成日期
1	需求测算	吴/刘/李	→	→	→					4.6
2	班组日程点检	刘建华	→							4.5
3	保管员业务学习	刘建华		→	→	→	→	→		4.17
4	需求方案制作	刘建华/李丽				→	→			4.9
5	大日程拖期项挽回	刘建华					→			4.8
6	标准作业修改	吴斌/刘建华				→				4.7

六、思考题

1. 单选题

（1）Excel 2016 中所包含的图表类型共有（　　）种。

　　A. 10　　　　　　B. 11　　　　　　C. 20　　　　　　D. 30

（2）在 Excel 工作表中选定某单元格，单击"开始"菜单下的"删除"选项，不可能完成的操作是（　　）。

　　A. 删除该行　　　　　　　　　　B. 右侧单元格左移

　　C. 删除该列　　　　　　　　　　D. 左侧单元格右移

（3）在 Excel 2016 中，若在工作表中插入一列，则一般插在当前列的（　　）。

　　A. 左侧　　　　　B. 上方　　　　　C. 右侧　　　　　D. 下方

（4）在 Excel 2016 中，执行"重命名"命令后，下面说法正确的是（　　）。

　　A. 只改变工作表的名称　　　　　B. 只改变工作表的内容

　　C. 既改变名称，又改变内容　　　D. 既不改变名称，又不改变内容

（5）在 Excel 2016 中，在单元格中输入文字，缺省的对齐方式是（　　）。

　　A. 左对齐　　　　B. 右对齐　　　　C. 居中对齐　　　D. 两端对齐

2. 多选题

（1）在 Excel 中，可用来设置和修改图表的操作有（　　）。

　　A. 改变分类轴中的文字内容　　　B. 改变系列图标的类型及颜色

　　C. 改变背景墙的颜色　　　　　　D. 改变系列类型

（2）下列属于 Excel 图表类型的有（　　）。

　　A. 饼图　　　　　B. XY 散点图　　　C. 曲面图　　　　D. 圆环图

（3）在 Excel 2016 中，修改已创建图表的图表类型应（　　）。

　　A. 执行"图表工具"区"设计"选项卡下的"图表类型"命令

　　B. 执行"图表工具"区"布局"选项卡下的"图表类型"命令

　　C. 执行"图表工具"区"格式"选项卡下的"图表类型"命令

　　D. 右击图表，执行"更改图表类型"命令

(4) 在 Excel2016 中,下列有关图表的说法正确的有（　　）。

　　A. "图表"命令在"插入"选项中

　　B. 删除图表对数据表没有影响

　　C. 有二维图表和三维图表

　　D. 删除数据表对图表没有影响

(5) 关于 Excel 2016 的函数,下面说法正确的有（　　）。

　　A. 函数就是预定义的内置公式

　　B. SUM( )是求最大值函数

　　C. 按一定语法的特定顺序排列进行计算

　　D. 在某些函数中可以包含子函数

3. 实操题

对于企业来说,每周及每月的工作计划安排和总结都很重要。请说明本任务中在计划和总结的设计、制作过程中用到了哪些 Excel 操作技巧。

任务十二

数据透视表在快递行业集包业务中的应用

关键词：数据透视表。

学习目标：通过处理快递行业集包业务数据，熟练掌握利用数据透视表和数据透视图对汇总数据的操作过程。

一、物流知识说明

1. 集包业务

快递集包业务就是把送往同一个目的地的快件装到一个大袋子里，以便快件的中转与装卸。中转时，不用一个一个小件地去扫描，提高了中转效率。集包件一般要求快件的重量在 3 千克以下，轻泡货体积在 30cm×30cm×30cm 以下。集包通常要求是发往同一目的地站点分拨的 5 件以上的物品，所以又称为小件集包。

在快递行业中，始发网点根据快件目的地，对快件进行分拣集包操作是行业惯例，也是各公司标准操作流程必不可少的一部分。很多快递公司，如申通、顺丰、宅急送、百事汇通、EMS、UPS、联邦、DHL、TNT 等都有这项业务。

2. 集包业务的优点

简单地说，推行小件集包政策可以减少小件物品的丢失、破损现象，避免重复劳动，减少错误，最重要的是可以提高站点进仓速度，在分拨中心对集包的快件优先处理，有效提高分拨中心的运作效率，提高时效，详细说明如表 12-1 所示。

表 12-1 集包业务的优点

集包的优点	具体描述
在分拣环节降低破损，保持快件整洁干净	在分拣过程中，小件与大件分开，单独分拣集包、单独操作。避免小件与大件、大件操作设备（如液压搬运机、叉车、托盘等）相接触，减少破损率，运单及快件外包装始终干净、整洁
提高装卸车效率，保护快件及运单的完整性	集包后提高了快件装卸速度，装卸时，整包操作，减少碰撞。由于员工不直接接触小件外包装和运单，因此对二者都是保护

续表

集包的优点	具 体 描 述
在运输环节保证快件运输安全	班车运输途中,难免有急刹车等现象,将小件集包并合理摆放,可避免倾倒的大件压砸小件。即使与大件发生接触,集装包的抗压性也远远大于单个的小件包装
集包后避免短少和丢失	在快递行业中,小件因为便于分辨内物,便于携带,往往是快件丢失短少的重灾区。从行业内操作规范的公司来看(如顺丰、联邦等),都有运输环节小件不外露的操作纪律。小件集包后,无论是在分拣还是运输环节,小件包裹都不外露,提高了偷盗、调换的难度,在很大程度上避免了短少、丢失

3. 集包业务注意事项

通常情况下,对于未按规定集包的散件,中转站不收货。在集包的过程中需要注意以下问题。

（1）快件放入集包袋时,注意面单朝上。

（2）注意集包网络表的更新,严格按照目的地所属分拨中心集包。

（3）集包袋如是重复利用的,请去掉以前的包签号,以免混淆。

（4）在集包袋上用黑色笔标注始发站点名称、目的地分拨名称。

（5）把包签号码写在集包袋中下部位。

（6）液体包装要注意包裹严实,避免破损而污染其他快件。

（7）贵重物品单独交接,不需要集包。

（8）快件集包时,注意将快件运单号与集包袋包签号在系统中建立关联。

（9）集包时,将规则形快件放于集包袋底部,面单朝上;两侧的快件面单也要求向内或者向上。

（10）较重的快件放在集包袋的底部,同时面单朝上。

（11）小件集包到集包袋的三分之二处时,停止装填。

4. 小件集包业务流程

（1）小件集包前的准备,步骤如下。

① 准备好集包袋(如图12-1所示)、扫描枪(如图12-2所示)、包签、包牌、打包架等集包物料和工具。

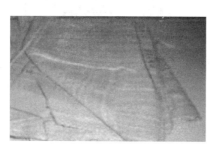

图 12-1　集包袋

图 12-2　扫描枪

② 把包签贴在包牌上（见图12-3），在上面注明站点名称及目的地分拨。

图12-3 集包袋标签

③ 各站点根据快件目的地所属分拨分类摆放，并做好标识，以防建错包。

④ 所有防水袋和信封以及重量小于或等于3kg、体积在30cm×30cm×30cm以下的物品都需要进行集包操作。

（2）集包扫描，步骤如下。

① 如图12-4所示，先扫描大包号，再扫描目的地，然后逐票扫描，同时装包。待编织袋装满后，简单封口，并将扫描枪上显示的快件数量填写在对应的包牌上。

② 一把扫描枪可以同时扫描多个编织袋快件。扫描不同的编织袋快件，需先退出前一道扫描程序。可以返回再扫描，票数累积计算。

③ 核对快件面单上标识的详细地址，判断与图12-3书写地址是否一致，是否属于该集包袋。如不相符，必须剔除，并及时上报组长和问题件处理员。

图12-4 集包扫描

④ 集包完毕，用铁丝或缝包机将编织袋封口，如图12-5所示。

⑤ 包袋放到传送带上时（见图12-6），吊牌向着拣货员一方，包袋写字的一面向上。

扎紧袋口，防止脱落

图12-5 扎紧集包袋　　　　图12-6 放到传送带上

⑥ 扫描结束，要清理现场，发现遗漏的快件要及时转出，最后将扫描枪上交班组长，操作结束后，现场要达到5S管理要求。

（3）装车发往目的分拨中心。

二、操作任务

表 12-2 所示是某物流快递公司在 2021 年 11 月 11 日的运单,由于"光棍节"的货物配送量非常大,每天可达到十几万条数据,公司需要快速统计相关数据,以此为据来均衡、合理地调度人力、车辆、作业工具。统计的数据信息包括各班集包与未集包数目、各班的集包率与未集包率、每个人的工作任务统计与排名、每个人定期的工作效率统计、下一站分拨点的货物配送数量、每辆运输车辆运输快件的数量及重量,以及其他所需数据,使相关部门及时获取信息,同时可对所求的数据进行图表说明,使公司对整体运营数据有清晰的了解。

表 12-2 运单集包表

运单编号	袋号	下一站点	件数	最大重量	车辆	扫描人	责任班组	扫描时间	录入时间	未集包数
221015233158	66836450032	哈尔滨分拨中心	1	0	吉 A89868	张健	一班	2021-11-11 15:46	2021-11-11 13:22	0
221015233095	66836450032	哈尔滨分拨中心	1	0	吉 A89868	张健	一班	2021-11-11 15:46	2021-11-11 13:22	0
221010086001	66836450032	哈尔滨分拨中心	1	0	吉 A89868	张健	一班	2021-11-11 15:46	2021-11-11 13:22	0
22207638309193	66828661960	哈尔滨分拨中心	1	0	吉 A89868	张健	一班	2021-11-11 15:46	2021-11-11 13:22	0
221063218859	66828661960	哈尔滨分拨中心	1	0	吉 A89868	张健	一班	2021-11-11 15:46	2021-11-11 13:22	0
221063218838	66828661960	哈尔滨分拨中心	1	0	吉 A89868	张健	一班	2021-11-11 15:46	2021-11-11 13:22	0
221035844125	66828661960	哈尔滨分拨中心	1	0	吉 A89868	张健	一班	2021-11-11 15:46	2021-11-11 13:22	0
22057403033698	66808374137	沈阳分拨中心	1	0	吉 A89320	张健	一班	2021-11-11 15:46	2021-11-11 12:17	0
22057401033388	66808374137	沈阳分拨中心	1	0.2	吉 A89320	张健	一班	2021-11-11 15:46	2021-11-11 12:17	0
221062407700	66808374137	沈阳分拨中心	1	0	吉 A89320	张健	一班	2021-11-11 15:46	2021-11-11 12:17	0

三、任务分析

数据透视表一个很基本的功能就是通过关键字段筛选和排列,从庞大的数据源中瞬间提取所需的数据,并对数据进行汇总、计数等操作。要定期地统计快递物流公司的数据,使用数据透视表是最合适的。本任务将用数据透视表统计集包数据并生成报表。

分析相关数据,建立以下报表。

(1) 各班工作量任务表。

(2) 各班工作效率表。

(3) 员工工作任务量与工作效率统计表。

(4) 下一站分拨点配送货物量统计表。

(5) 每辆运输车辆运输量统计表。

四、Excel 知识要点

本任务涉及的 Excel 知识要点就是数据透视表。

1. 数据透视表(pivot table)

数据透视表和筛选、排序一样,都是 Excel 菜单栏中的一项数据处理工具。它是一种交互式表格,可以完成某些计算,如求和与计数等。计算与数据在数据透视表中的排列有关。

之所以称为数据透视表,是因为可以动态地改变其版面布置,以便按照不同方式分析数据,也可以重新安排行号、列标和页字段。每一次改变版面布置,数据透视表会立即按照新的布置重新计算数据。另外,如果原始数据发生改变,数据透视表将更新。

2. 数据透视表的功能

数据透视表和基于公式的汇总报告不同,当改变源数据信息时,数据透视表不会自动更新,只要单击一次"刷新"按钮,Excel 会强制数据透视表更新数据。

3. 数据透视表和一般表格的区别

数据透视表其实是建立在普通表基础上的统计表,但通过数据透视表可以多角度、多方向地了解普通表中数据之间的关系,从大量看似无关的数据中寻找联系,将纷繁的数据转化为有价值的信息,供人们研究和决策。普通的数据表一般不具备这样的功能。

4. 数据透视表的操作

(1) 建立数据透视表。执行菜单命令"插入"→"表格"→"数据透视表",弹出如图 12-7 所示的窗口。

图 12-7 数据透视表说明

(2) 数据透视表的"分析"操作。选择数据透视表后,弹出"分析"菜单(见图 12-8),对数据透视表进行透视表命名、分组、排序和筛选、更改数据源、移动数据透视表、增加计算字段、建立数据透视图等操作。

(3) 数据透视表的"设计"操作。选择数据透视表后,菜单栏会出现"设计"菜单(见图 12-9),对数据透视表进行布局设计、选择外观显示样式等。

(4) 数据透视图。执行菜单命令"插入图表"→"数据透视图",弹出如图 12-10 所示窗口。与图 12-7 不同,这里既可以建立数据透视表,又能生成数据透视图。操作后弹出现如图 12-11 所示对话框。设置相关参数后,得到数据透视表和数据透视图,对比二者进行数据分析。

任务十二　数据透视表在快递行业集包业务中的应用

图 12-8　"分析"菜单

图 12-9　"设计"菜单

图 12-10　"数据透视图"设置

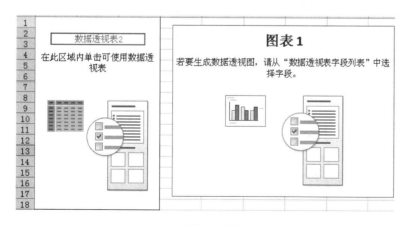

图 12-11　"数据透视图"版面

（5）设置经典数据透视表。经典数据透视表对字段操作的方式是将字段拖动到指定的位置，在 Excel 2007 以后的版本中，布局数据透视表时是将字段放置到字段列表下的行、列、值等框中，操作方法是：执行菜单命令"分析"→"数据透视图"→"选项"→"显示"，然后在如图 12-12 所示的对话框中勾选"经典数据透视表布局"。

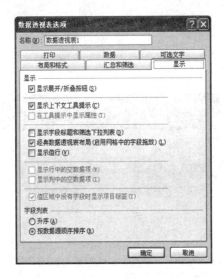

图 12-12 "数据透视表"经典布局设置

五、Excel 操作

1. 建立数据透视表

（1）打开数据文件"快递集包数据.xlsx"，执行菜单命令"插入"→"表格"→"数据透视表"，弹出如图 12-13 所示的对话框。

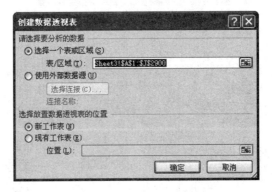

图 12-13 "创建数据透视表"对话框

（2）选择数据源：在图 12-13 中"表/区域"框中选择"包单数据"工作表中的 A:K 列的数据。

（3）选择放置数据透视表的位置为"新工作表"。单击"确定"按钮后，出现新的数据透视表的工作表。

2. 建立统计“扫描人”集包的数据透视表

如图 12-14 所示是以“扫描人”为查询数据建立的数据透视表。

	A	B	C	D	E
1	责任班组	(全部)			
2	下一站点	(全部)			
3					
4	扫描人	袋号	运单编号	扫描时间	计数项:运单编号
5	⊞董宝宝				4 048
6	⊞高一凡				1 793
7	⊞李道理				1 196
8	⊞李福剑				1 224

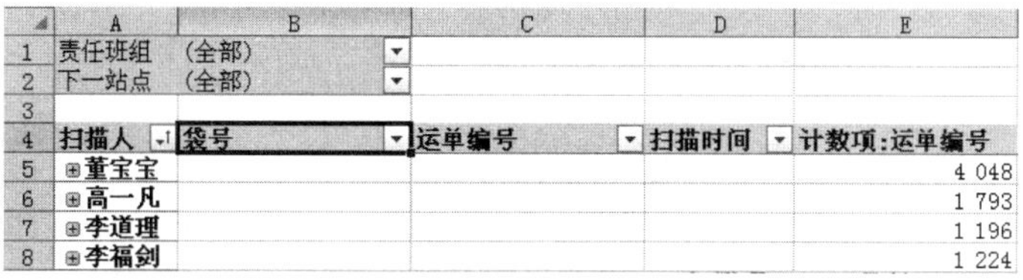

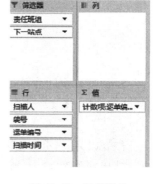

图 12-14　扫描人数据表

(1) 将“责任班组”字段放到图 12-15 中“筛选器”项中，作为“页字段”，可以选择班组作业。

(2) 将“下一站点”字段拖放到图 12-15 中“筛选器”项中，作为“页字段”，可以选择指定去向邮件。

(3) 将“扫描人”字段拖放到图 12-15 中“行”标签中，然后在图 12-14 中右击“扫描人”弹出的快捷菜单中选择“排序”→“升序”。

(4) 将“袋号”字段拖放到图 12-15 中“行”标签中，然后在图 12-14 中右击“袋号”，在弹出的快捷菜单中取消选择“分类汇总(袋号)”。

图 12-15　字段设置

(5) 将“运单编号”字段拖放到图 12-15“行”标签中，采用与(4)中相同的方法取消选择“分类汇总(运单编号)”。

(6) 将“扫描时间”字段拖放到图 12-15“行”标签中。

(7) 将“运单编号”字段拖放到图 12-15“值”项中，计算方式为“计数”。

(8) 注意按照如图 12-15 所示的顺序添加。

(9) 建立报表之后，可以查看结果。单击图 12-16 中的“责任班组”项，然后选择“一班”“二班”或者“全部”查看相关信息。

(10) 如图 12-17 所示，单击“下一站点”页字段，然后选择其他站点要分发的邮件。

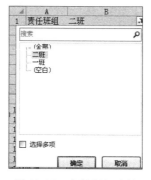

图 12-16　责任班组选择

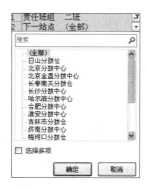

图 12-17　下一站点选择

（11）单击打开某一个扫描人的袋号，比如"董宝宝"，集包袋号"66118334417"，将显示袋内包含的快件单号信息，如图12-18所示。

扫描人	袋号	运单编号	扫描时间	计数项:运单编号
⊟董宝宝	66118334417	⊞220073377033	2021-11-11 23:46	1
		⊞22016501353631	2021-11-11 23:46	1
		⊞220420895987	2021-11-11 23:46	1
		⊞220454057079	2021-11-11 23:46	1
		⊞220454133988	2021-11-11 23:46	1
		⊞220470960778	2021-11-11 23:46	1
		⊞22068409799752	2021-11-11 23:46	1
		⊞22070501265459	2021-11-11 23:46	1
		⊞22074903165306	2021-11-11 23:46	1
		⊞22078608039930	2021-11-11 23:46	1
		⊞221038286668	2021-11-11 23:46	1
		⊞22184620902255	2021-11-11 23:46	1
		⊞22191238100501	2021-11-11 23:46	1
		⊞22192552903428	2021-11-11 23:46	1
		⊞22357408299008	2021-11-11 23:46	1
		⊞22371412028793	2021-11-11 23:46	1

图 12-18　集包袋内快件

3. 创建以小时为单位的工作效率

（1）调整图12-15中所示行标签位置，按住"扫描时间"向上拖动至图12-19中的第一位。

（2）以月、日分组显示。右击任意一个时间单元格，在弹出的快捷菜单中选择"创建组"，然后在如图12-20所示的"分组"窗口中选择"小时"和"月"，然后单击"确定"按钮。整个透视表将以"月""小时"为单位分组显示，如图12-21所示。可以查看每个人在每个月、每小时的工作效率。

图 12-19　调整扫描时间位置

图 12-20　创建时间分组

4. 统计每个人的工作量

（1）重新构建数据透视表结构。移除图12-21中所有的"月""扫描时间""袋号""运单编号"数据项，保留"扫描人"和"计数项:运单编号"数据项，并再次在图12-15数值项中添加"运单编号"，结构如图12-22所示。

任务十二 数据透视表在快递行业集包业务中的应用

月	扫描时间	扫描人	袋号	运单编号	计数项:运单编号
☐11月	☐8时	☐石佳南			59
	☐9时	☐石佳南			74
	☐10时	☐石佳南			238
	☐11时	☐石佳南			1 038
	☐13时	☐石佳南			31
	☐15时	☐石佳南			300
	☐18时	☐李福剑			417
	☐19时	☐李福剑			117

图 12-21 以月、小时建立分组数据

| 责任班组 | (全部) | |
| 下一站点 | (全部) | |

行标签	计数项:运单编号	计数项:运单编号2
董宝宝	4 048	4 048
高一凡	1 793	1 793
李道理	1 196	1 196
李福剑	1 224	1 224
李向风	1 042	1 042
卢宇飞	1 077	1 077
马鸣	56	56
马野	59	59
石佳南	1 740	1 740

图 12-22 调整后的数据透视表

（2）修改显示字段名称。"计数项:运单编号"显示的是每小时的工作量，看起来不方便。右击该字段，弹出如图 12-23 所示的快捷菜单，选择"值字段设置"（或者双击该项），弹出如图 12-24 所示的"值字段设置"窗口。在"自定义名称"后的文本框内输入"工作量（件）"，单击"确定"按钮后将显示改变的名称字段，如图 12-25 所示。

在图 12-24 中还包含其他字段汇总方式，比如求和、平均值、最大值、最小值、乘积等。

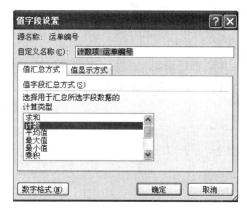

图 12-23 快捷菜单　　　　　　　　图 12-24 值字段设置

（3）设置显示百分比。选定图 12-22 中的"计数项:运单编号 2"，然后执行菜单命令"选项"→"计算"→"值显示方式"→"总计的百分比"，结果如图 12-25 所示。

（4）修改显示字段名称。将图 12-22 中的"计数项:运单编号 2"的字段名称修改为

图 12-25 中的"占总工作量%"。

（5）按工作量大小排序。在图 12-25 中选择"工作量（件）"字段下面的数据，右击，在弹出的快捷菜单中选择"排序"→"降序"，结果如图 12-26 所示。

行标签	工作量(件)	占总工作量(%)
董宝宝	4 048	6.74
高一凡	1 793	2.98
李道理	1 196	1.99
李福剑	1 224	2.04
李向风	1 042	1.73
卢宇飞	1 077	1.79
马鸣	56	0.09
马野	59	0.10
石佳南	1 740	2.90
宋佳明	1 810	3.01
孙嘉	838	1.39

图 12-25　名称、百分比设置

行标签	工作量(件)	占总工作量(%)
张健	25 346	42.19
吴连城	6 560	10.92
董宝宝	4 048	6.74
张忠祥	2 728	4.54
王丹	2 254	3.75
王泽胜	2 141	3.56
宋佳明	1 810	3.01
高一凡	1 793	2.98
石佳南	1 740	2.90
文景瑞	1 635	2.72
杨成	1 433	2.39

图 12-26　排序后数据

（6）筛选数据。在图 12-26 中右击行标签下的任何数据，在弹出的快捷菜单中选择"筛选"→"前 10 个"，弹出如图 12-27 所示的窗口，设置按前 5 个排名显示，结果如图 12-28 所示。

图 12-27　筛选条件设置

5. 统计班组的工作量

（1）在以图 12-22 的数据为基础建立的图 12-28 中，将"责任班组"和"下一站点"报表的筛选字段去除。

（2）将"责任班组"字段添加到行标签的第一个位置，弹出如图 12-29 所示的按班组筛选工作量排名前五名的表格。

行标签	工作量(件)	占总工作量(%)
张健	25 346	61.92
吴连城	6 560	16.03
董宝宝	4 048	9.89
张忠祥	2 728	6.66
王丹	2 254	5.51
总计	40 936	100.00

图 12-28　前五名数据

行标签	工作量(件)	占总工作量(%)
⊟二班	16 796	34.59
吴连城	6 560	13.51
董宝宝	4 048	8.34
王丹	2 254	4.64
王泽胜	2 141	4.41
高一凡	1 793	3.69
⊟一班	31 764	65.41
张健	25 346	52.20
张忠祥	2 728	5.62
宋佳明	1 810	3.73
李向风	1 042	2.15
孙嘉	838	1.73
⊟(空白)		0.00
(空白)		0.00
总计	48 560	100.00

图 12-29　班组前五名相关数据

任务十二　数据透视表在快递行业集包业务中的应用

(3) 右击任何一个"扫描人",在弹出的快捷菜单中选择"筛选"→"从扫描人中清除筛选",得到如图 12-30 所示的各班组工作量明细。

(4) 折叠明细。右击任何一个"扫描人",在弹出的快捷菜单中选择"展开"→"折叠"→"折叠整个字段",将比较长的明细折叠起来,形成如图 12-31 所示的汇总结果。

行标签	工作量(件)	占总工作量(%)
⊟二班	28 257	47.03
吴连城	6 560	10.92
董宝宝	4 048	6.74
王丹	2 254	3.75

图 12-30　班组工作量明细

行标签	工作量(件)	占总工作量(%)
⊞二班	28 257	47.03
⊞一班	31 820	52.97
⊞(空白)		0.00
总计	60 077	100.00

图 12-31　班组汇总数据

(5) 将"未集包数"字段添加到列标签后,得到如图 12-32 所示的结果。这里,"0"为集包的数量,"1"为未集包数量。

从图 12-32 中可以看出,在该阶段,整个工作任务总的集包率为 82.17%,其中二班集包率比一班高,一班的未集包率超过二班 1 倍,因此,二班完成的工作量大,但是一班完成的总工作量比较多。

行标签	列标签 工作量(件) 0	1	占总工作量(%) 0	1	工作量(件)汇总	占总工作量(%)汇总
⊞二班	24 817	3 440	41.31	5.73	28 257	47.03
⊞一班	24 551	7 269	40.87	12.10	31 820	52.97
⊞(空白)			0.00	0.00		0.00
总计	49 368	10 709	82.17	17.83	60 077	100.00

图 12-32　班组集包数据汇总

6. 下一站点的快件配送量

(1) 在图 12-32 中,将"责任班组"字段从"行标签"移除,添加"下一站点"字段到"行标签"中,形成如图 12-33 所示的"下一站点"配送量的数据透视表明细。

行标签	列标签 工作量(件) 0	1	占总工作量(%) 0	1	工作量(件)汇总	占总工作量(%)汇总
⊟白山分拨仓	2 278	468	3.79	0.78	2 746	4.57
董宝宝	642	423	1.07	0.70	1 065	1.77
吴连城	965	45	1.61	0.07	1 010	1.68
王风云	671		1.12	0.00	671	1.12
⊟北京分拨中心	532		0.89	0.00	532	0.89
王丹	532		0.89	0.00	532	0.89
⊟北京金盏分拨中心	412		0.69	0.00	412	0.69
张大军	412		0.69	0.00	412	0.69
⊟长春南关分拨仓	5 643	5 497	9.39	9.15	11 140	18.54
张忠祥	395	2 333	0.66	3.88	2 728	4.54
王泽胜	2 141		3.56	0.00	2 141	3.56

图 12-33　下一站点配送量

(2) 在图 12-33 中,右击"下一站点"的任何数据,将其整个字段折叠后,得到如图 12-34 所示的表格,从中可以清楚地看到各个站点的配送量与占比。

	工作量(件)		占总工作量(%)		工作量(件)汇总	占总工作量(%)汇总
行标签	0	1	0	1		
⊞白山分拨仓	2 278	468	3.79	0.78	2 746	4.57
⊞北京分拨中心	532		0.89	0.00	532	0.89
⊞北京金盏分拨中心	412		0.69	0.00	412	0.69
⊞长春南关分拨仓	5 643	5 497	9.39	9.15	11 140	18.54
⊞长沙分拨中心	458		0.76	0.00	458	0.76
⊞哈尔滨分拨中心	16 703	854	27.80	1.42	17 557	29.22
⊞合肥分拨中心	579		0.96	0.00	579	0.96
⊞淮安分拨中心	114		0.19	0.00	114	0.19
⊞吉林市分拨仓	2 391	695	3.98	1.16	3 086	5.14
⊞济南分拨中心	1 611	24	2.68	0.04	1 635	2.72
⊞梅河口分拨仓	1 250	327	2.08	0.54	1 577	2.62
⊞沈阳分拨中心	5 524	864	9.19	1.44	6 388	10.63
⊞四平分拨仓	2 631	263	4.38	0.44	2 894	4.82
⊞松原分拨仓	6 692	1 623	11.14	2.70	8 315	13.84
⊞天津分拨中心	1 158		1.93	0.00	1 158	1.93
⊞通化分拨仓	1 392	94	2.32	0.16	1 486	2.47
⊞(空白)				0.00		0.00
总计	49 368	10 709	82.17	17.83	60 077	100.00

图 12-34　折叠后的下一站点配送量

将"占工作量%"字段和"扫描人"字段从表中移除，得到如图 12-35 所示的简化表格，整个表看起来更加清晰。

工作量(件)	列标签		
行标签	0	1	总计
白山分拨仓	2 278	468	2 746
北京分拨中心	532		532
北京金盏分拨中心	412		412
长春南关分拨仓	5 643	5 497	11 140
长沙分拨中心	458		458
哈尔滨分拨中心	16 703	854	17 557
合肥分拨中心	579		579
淮安分拨中心	114		114
吉林市分拨仓	2 391	695	3 086
济南分拨中心	1 611	24	1 635
梅河口分拨仓	1 250	327	1 577
沈阳分拨中心	5 524	864	6 388
四平分拨仓	2 631	263	2 894
松原分拨仓	6 692	1 623	8 315
天津分拨中心	1 158		1 158
通化分拨仓	1 392	94	1 486
(空白)			
总计	49 368	10 709	60 077

图 12-35　简化后的下一站点配送量

7. 统计车辆装载量图表

（1）选择其他工作表，重新加载字段，建立新的数据透视图和透视表，如图 12-36 和图 12-37 所示。

（2）修改字段名。在图 12-36 中，双击指定项将"计数项:袋号"修改为"集包号码"，将"计数项:最大重量"修改为"总重量（kg）"，并将其计算方式修改为"求和"，结果如图 12-38 所示。通过每辆车的额定载重量和货物的总重量，可以确定车辆运输能力，为车辆调度提供前提保证。

（3）修改数据透视表的的外观格式。单击数据透视表中的任何位置，然后执行菜单命令"设计"→"数据透视表样式"→"数据透视表中等深浅 19"，确认后，数据透视表外观自动更改为如图 12-39 所示。

行标签	计数项:袋号	计数项:最大重量
130064	5 643	11 140
黑A62459	3 203	3 396
黑A65078	3 218	3 392
沪A17722	1 722	1 722
沪AC1577	1 158	1 158
沪AC1686	579	579
沪AC2528	950	950
吉A28121	2 508	2 641
吉A62236	1 964	2 000
吉A62723	238	908
吉A62790	3 343	4 130

图 12-36　车辆数据表

图 12-37　字段设置

行标签	集包号码	总重量(kg)
130064	5 643	4 473.3
黑A62459	3 203	638.48
黑A65078	3 218	358.6
沪A17722	1 722	238.77
沪AC1577	1 158	1 067.27
沪AC1686	579	615.42
沪AC2528	950	826.98
吉A28121	2 508	508.24
吉A62236	1 964	753.82
吉A62723	238	1 474.3

图 12-38　修改字段后的计算结果

行标签	集包号码	总重量(kg)
130064	5 643	4 473.3
黑A62459	3 203	6 38.48
黑A65078	3 218	358.6
沪A17722	1 722	238.77
沪AC1577	1 158	1 067.27
沪AC1686	579	615.42
沪AC2528	950	826.98
辽GD8848	4 258	2 284.56
鲁GD8848	1 611	1 505.13
苏CD4567	572	436.75
浙A89567	2 278	836.82
(空白)		
总计	49 368	23 632.02

图 12-39　修改了外观样式的数据透视表

（4）数据透视表更新后，数据透视图也随之改变，如图 12-40 所示。

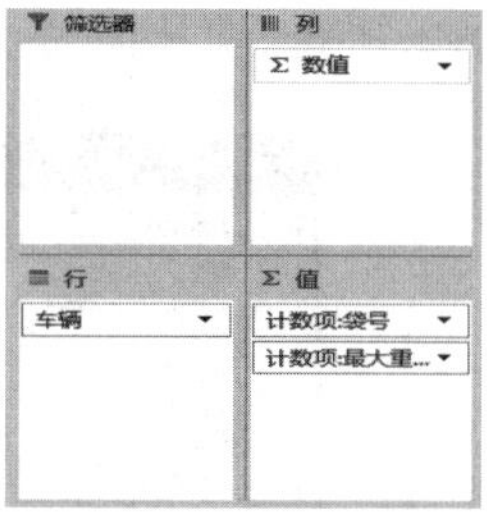

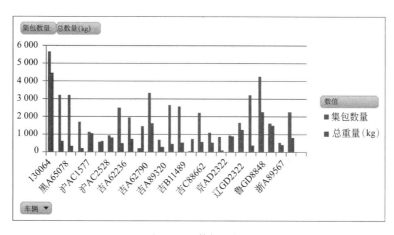

图 12-40　数据透视图

（5）使用“切片器”。在 Excel 2016 中，利用“切片器”功能实现数据筛选。切片器为指定筛选条件和筛选字段提供了很大的自由选择的空间。在数据透视表中选择“责任班组”和“下一站点”，与车辆数据相结合，查看数据。

① 执行菜单命令“选项”→“排序和筛选”→“插入切片器”，弹出如图 12-41 所示的“切片器”窗口。

② 在图12-41中勾选"下一站点"和"责任班组",然后单击"确定"按钮,弹出如图12-42所示的两张"切片器"。

图12-41　切片器　　　　　图12-42　生成的切片器

③ 将"切片器"摆放到合适的位置,在其中选择要查看的数据。选择"二班",业务数据如图12-43所示,选择"一班""哈尔滨",业务数据如图12-44所示。

④ 清除"切片器"筛选。单击"切片器"右上角的清除筛选标记,对应的"切片器"失去筛选作用。

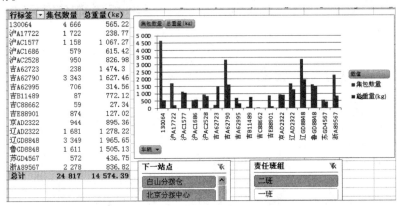

图12-43　班组数据透视表和数据透视图

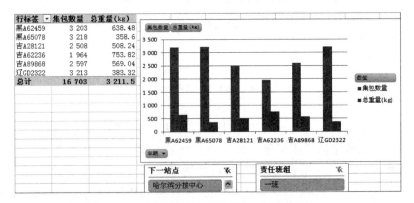

图12-44　哈尔滨站点数据透视表和数据透视图

六、思考题

1. 单选题

（1）在 Excel 数据透视表的数据区域，默认的字段汇总方式是（　　）。

　　A. 平均值　　　　　B. 乘积　　　　　C. 求和　　　　　D. 最大值

（2）在 Excel 中，编辑栏中的符号"√"表示（　　）。

　　A. 取消输入　　　　B. 确认输入　　　C. 编辑公式　　　D. 编辑文字

（3）已知 Excel 某工作表中的 D1 单元格等于"1"，D2 单元格等于"2"，D3 单元格等于"3"，D4 单元格等于"4"，D5 单元格等于"5"，D6 单元格等于"6"，则 sum（D1：D3，D6）的结果是（　　）。

　　A. 10　　　　　　　B. 6　　　　　　　C. 12　　　　　　　D. 21

（4）如要在 Excel 输入分数形式三分之一，下列方法正确的是（　　）。

　　A. 直接输入"1/3"　　　　　　　　　B. 先输入单引号，再输入"1/3"

　　C. 先输入"0"，然后空格，再输入"1/3"　　D. 先输入双引号，再输入"1/3"

（5）在 Excel 中，跟踪超链接应（　　）。

　　A. Ctrl+单击鼠标　　　　　　　　　B. Shift+单击鼠标

　　C. 单击鼠标　　　　　　　　　　　D. 双击鼠标

2. 多选题

（1）下列选项中，可以作为 Excel 2016 数据透视表的数据源的有（　　）。

　　A. Excel 2016 的数据清单或数据库

　　B. 外部数据

　　C. 多重合并计算数据区域

　　D. 文本文件

（2）在 Excel 费用明细表中，列标题为"日期""部门""姓名""报销金额"等，欲按部门统计报销金额，可采取的方法有（　　）。

　　A. 高级筛选　　　　　　　　　　　B. 分类汇总

　　C. 用 SUMIF 函数计算　　　　　　　D. 用数据透视表计算、汇总

（3）在生成的数据透视表中，应该包含的内容有（　　）。

　　A. 行　　　　　　　B. 列　　　　　　　C. 值　　　　　　　D. 筛选器

（4）数据透视图可以用（　　）形式来表示。

　　A. 柱形图　　　　　B. 折线图　　　　　C. 饼图　　　　　　D. 条形图

（5）数据透视表包含（　　）计算方式。

　　A. 计数　　　　　　　　　　　　　B. 总计的百分比

　　C. 公式计算　　　　　　　　　　　D. 列汇总百分比

3. 实操题

在 Excel 2016 中，新添加的"切片器"功能确实为报表数据的挑选提供了很大便利，在生成数据透视表的过程中都可以添加。请试试在其他数据透视表中添加切片器。

任务十三

物流企业新产品投资开发方案分析

关键词：方案管理器、NPV 函数、数据有效性、名称。

学习目标：通过分析、预测物流企业新产品的市场，掌握 NPV 贴现率函数、方案管理器的使用方法，以及设置单元格名称与数据有效性的方法。

一、物流知识说明

1. 新产品

新产品是指在产品特性、材料性能和技术性能等方面具有先进性或独创性的产品。

2. 新产品的分类

（1）改进型产品：改变原有产品的性能、功能，提高质量，改变款式。

（2）换代产品：在原来产品的基础上，保持基本原理不变，部分采用新技术、新结构、新材料、新元件制造，性能明显改进的产品。

（3）创新产品：采用新技术、新发明生产的具有新原理、新技术、新结构、新工艺、新材料等特征的新产品。

3. 新产品开发的必要性

（1）新产品是产品寿命周期规律的必然反映。

（2）新产品是科技发展和社会需求变化的要求。

（3）新产品是企业生存和发展的基本要求。

4. 产品生命周期和库存策略

产品生命周期包括投入期、成长期、成熟期和衰退期。各期特征和库存策略如图 13-1 所示。

（1）投入期：废品多，市场需求少，广告费用高，获利较少；不需要库存。

（2）成长期：销售额增大，需求增大，质量提高，成本下降，利润高；库存策略是需一买一。

（3）成熟期：市场需求饱和，广告推销费用高，成本增加，利润下降；库存策略是用一买一。

（4）衰退期：技术老化，新产品已替代，总销售额和利润都下降；库存策略是只用不进。

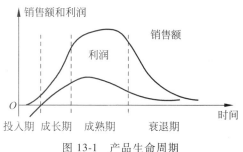

图 13-1 产品生命周期

5. 产品的生命周期与研发战略

（1）投入期：产品创新。

（2）成长期：工艺创新。

（3）成熟期：服务创新。

（4）衰退期：产品退出决策。

二、操作任务

长春某物流公司（见图 13-2）由于新业务拓展的需要，对于企业未来规划有两个建设方案：一个方案是再建设一家规模比较大的工厂；另一方案是建设规模小一些的工厂，如果 2 年内新业务拓展比较好，再考虑扩建。经过市场调研，参考下述条件比较两个方案。

图 13-2 物流公司概貌

1. 建设大规模工厂方案

（1）假定建设大工厂需要投资 400 万元。企业在前 2 年中如果经营得比较好，每年可获得收益（包括折旧在内的年净现金流入，下同）86.1 万元；如果经营得不好，每年可获得收益 59.8 万元。

（2）如果前 2 年经营比较好，后 8 年依然效益好，每年可获得收益 165 万元；如果后 8 年销路变差，每年可获得收益 85.4 万元。

2. 建设小规模工厂方案

（1）建设小工厂需要投资 260 万元。如果前 2 年效益好，考虑扩建，投资 317 万元。

（2）小工厂如果前 2 年效益好，每年可获得收益 73.8 万元；如果效益差，每年可获得收益 69.7 万元。

（3）小工厂扩建后，如果效益好，每年可获得收益 183 万元；如果效益不好，每年可获得收益 47.1 万元。

（4）小工厂不扩建，如果效益好，每年可获得收益 82.5 万元；如果效益不好，每年可获得收益 59.8 万元。

企业经营 10 年，折现率为 15%。企业投产后产品非常畅销的概率为 40%；产品销售好的概率为 20%；产品销售不好的概率为 40%。

试比较上述建设大规模工厂和小规模工厂的方案，判断究竟哪一种适合作为企业新业务拓展的方向。

三、任务分析

在市场经济的今天，企业投资活动显得愈发重要。由于投资活动充满不确定性，所以任何投资都要承担一定的风险。如果决策面临的不确定性比较大，足以影响投资方案的选择，就应该对不同的方案进行计量。例如，计算、比较各种方案的期望净现值，作为投资决策的依据。

本任务属于管理工程中的决策问题，可以通过决策树（见图 13-3）求解。决策树分析是一种利用概率分析原理，用树状图描述各阶段备选方案的内容、参数、状态以及各阶段方案的相互关系，对方案进行系统分析和评价的方法。如图 13-3 所示决策树是根据任务建立起来的，从中可以清晰地看到各部分决策投入的资金以及预测收益。

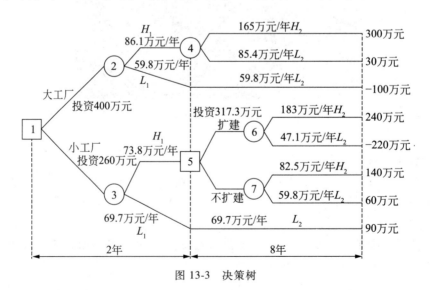

图 13-3 决策树

根据决策树建立10年收益数据表,如表13-1所示。

表13-1 10年效益预测表

效益	1～2年的年收益	3～10年的年收益	概率
好	H_1	H_2	40%
一般	H_1	L_2	20%
差	L_1	L_2	40%

参照图13-3和表13-1,虽然本任务中有两种方案,但是实际上可以看作三种投资方案:建立大厂(400万元)、小厂扩建(577.3万元)、小厂生产(260万元),对应表13-2～表13-4所示的数据模型。

表13-2 "新建大厂"数据模型

效益	1～2年的年收益	3～10年的年收益	概率
好	86.1	165	40%
一般	86.1	85.4	20%
差	59.8	59.8	40%

表13-3 "小厂扩建"数据模型

效益	1～2年的年收益	3～10年的年收益	概率
好	73.8	183	40%
一般	73.8	47.1	20%
差	69.7	69.7	40%

表13-4 "小厂生产"数据模型

效益	1～2年的年收益	3～10年的年收益	概率
好	73.8	82.5	40%
一般	73.8	59.8	20%
差	69.7	69.7	40%

如果使用Excel求解,任务重点在于建立逻辑公式,设置单元格的有效数据范围,使用财务函数NPV,求解多方案问题。

Excel提供了大量的财务、统计函数及强大的表格功能,加上简单易行的操作,使其成为投资风险分析的良好助手。其中的"方案管理器"有助于更好地管理数据和信息,创建方案总结报告以及数据透视表,便于进行如投资决策等多方案问题的分析。

四、Excel 知识要点

1. 数据有效性

通过设置单元格的有效数据范围,可以防止由于数据输入错误造成的计算错误。本任务中,为单元格设置了相关有效数据的下拉列表。

如图 13-4 所示,执行菜单命令"数据"→"数据工具"→"数据验证",打开数据验证窗口。

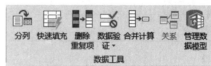

图 13-4　数据有效性工具

2. 单元格名称的使用

Excel 中单元格名称的定义可以有两种方式。

(1) 直接在 Excel 工作表内的名称框中输入单元格名称。

(2) 执行菜单命令"公式"→"定义的名称"→"名称管理器"。

在 Excel 中,名称是代表单元格、单元格区域、公式或常量的单词或字符串。名称更易于理解,是一个有意义的简略表示法,便于用户了解单元格引用、常量、公式或表格的用途。定义某个名称之后,在整个 Excel 工作簿的所有公式中都可以使用它。若使用了没有定义的名称,系统将返回错误值。如图 13-5 所示的是"新建名称"对话框,如图 13-6 所示的是"名称管理器"对话框。

图 13-5　"新建名称"对话框

图 13-6　"名称管理器"对话框

3. 方案管理器

方案是一组由 Excel 保存在工作表中并可自动替换的值。可以使用方案来预测工作模型的输出结果,还可以在工作表中创建并保存不同的数值组,然后切换到任何新方案来查看不同的结果。在"数据"→"预测"组中,单击"模拟分析",然后单击"方案管理器",弹出如图 13-7 所示的"方案管理器"对话框。单击"添加"按钮,弹出如图 13-8 所示的"编辑方案"对话框,然后在"方案名"文本框中输入方案名。在"可变单元格"文本框中,输入需要更改的单元格引用。在"保护"栏下,选择需要的选项,最后单击"确定"按钮。

图 13-7 "方案管理器"对话框

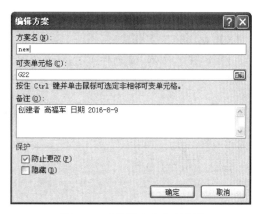

图 13-8 "编辑方案"对话框

4. NPV(rate、value1、value2…)函数

(1) NPV 函数基于一系列现金流和固定的各期贴现率,返回一项投资的净现值。

(2) 函数 NPV 假定投资开始于 value1 现金流所在日期的前一期,结束于最后一笔现金流的当期。函数 NPV 依据未来的现金流计算。如果第一笔现金流发生在第一个周期的期初,则第一笔现金必须加入函数 NPV 的结果,而不应包含在 values 参数中。

(3) 如果 n 代表 values 参数表中的现金流的次数,则 NPV 的计算公式为

$$\text{NPV} = \sum_{i=1}^{n} \frac{\text{value}_i}{(1+\text{rate})^i}$$

5. 质量屋

新产品要满足市场需求,可以采取走"质量屋"(见图 13-9)的技术路线,流程如下。

(1) 调查客户需求。
(2) 测评各项需求及其重要程度。
(3) 把客户需求转换为技术要求。
(4) 确定技术要求满意度方向。
(5) 填写关系矩阵表。
(6) 计算技术重要度。
(7) 设计质量规格。
(8) 产品技术能力评价。
(9) 产品市场竞争力评价。
(10) 确定相关矩阵。

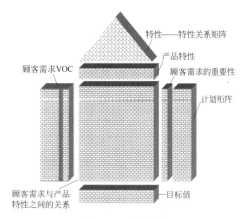

图 13-9 质量屋

五、Excel 操作

1. 建立净现值工作表

（1）打开工作簿，将工作表 Sheet1 改名为"净现值"。

（2）建立如图 13-10 所示的工作表，作为计算净现值的基础数据表。

	A	B	C	D	E	F	G	H	I	J	K	L
1	基本数据：											
2												
3	基准折现率：	15%										
4	投资（万元）：	400										
5	产品：	小厂生产										
6												
7	数据计算：											
8												
9	预测						年收益					概率
10		1	2	3	4	5	6	7	8	9	10	
11	预测1											40%
12	预测2											20%
13	预测3											40%
14	预期年收益											
15	净现值											

图 13-10　净现值计算表

2. 设置单元格名称

本任务要用到单元格的名称。可以利用"名称管理器"设置名称，也可以直接在 Excel "名称框"中直接设置。为下列单元格设置名称。

（1）将单元格 B4 命名为"投资"。

（2）将单元格 B5 命名为"方案"。

（3）将 B15:L15 合并后的单元格 B15 命名为"净现值"。

3. 设置数据有效范围

为了避免输入错误，需要为单元格 B5 设置数据有效范围，使该单元格的数据只能从下拉列表中选择，减少误操作，数值设置为"新建大厂，小厂扩建，小厂生产"。操作步骤如下。

（1）建立并设置方案序列。

① 选定单元格 B5，执行菜单命令"数据"→"数据工具"→"数据验证"，弹出"数据验证"对话框，如图 13-11 所示。

② 在"允许"下拉列表中选择"序列"。

③ 在"来源"编辑框中输入"新建大厂，小厂扩建，小厂生产"，此处逗号为分隔符，为英文符号。

④ 选中"提供下拉箭头"复选框。

（2）设置输入错误数据警告。

① 单击"出错警告"选项卡，如图 13-12 所示。

任务十三　物流企业新产品投资开发方案分析

图 13-11　设置单元格 B5 有效数据范围

图 13-12　设置错误警告信息

② 勾选"输入无效数据时显示出错警告"复选框。
③ 在出错信息"样式"下拉列表框中选择"信息"。
④ 在"标题"编辑框中输入"错误提示"。
⑤ 在"错误信息"编辑框中输入"请在下拉列表中选择输入选项"。
⑥ 单击"确定"按钮，完成设置。

（3）测试序列。经过上述步骤，为单元格 B5 设置下拉列表。单击该单元格时，将在单元格右侧显示下拉箭头按钮，单击下拉箭头按钮，显示在"有效数据"对话框中设置的列表选项，如图 13-13 所示。

图 13-13　设置单元格下拉列表

如果在单元格中输入了错误的数据，比如输入了序列里没有的"新厂"，将显示出错信息，如图 13-14 所示。

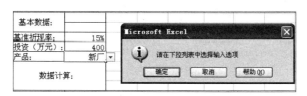

图 13-14　显示出错信息

（4）设置单元格 B4 的数据有效性。参照设置单元格 B5 数据有效性的过程，设置单元格 B4 的有效数据，如图 13-15～图 13-17 所示。

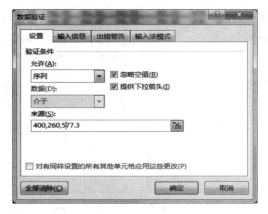

图 13-15　设置 B4 序列

图 13-16　设置出错信息

图 13-17　设置效果

（5）使单元格 B4 与 B5 联动。如果不设置单元格 B4 数据有效性，也可以在单元格 B4 插入如图 13-18 所示的 IF 公式"=IF(方案="新建大厂",400,IF(方案="小厂扩建",577.3,260))"。这样，选择单元格 B5 后单元格 B4 将会联动，显示出对应的数据。

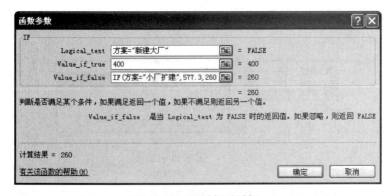

图 13-18　IF 语句对话框

4. 建立公式设置预期收益

通过市场调查和预测,企业效益水平和方案选择有很大的关系,如表 13-1 以及图 13-10 所示。

(1) 在 B11:C12 定义公式。

① 单击选中单元格 B11 并插入 IF 函数,弹出"IF 函数"框,如图 13-19 所示,并输入公式"=IF(＄B＄4=400,86.1,IF(＄B＄4=577.3,73.8,IF(＄B＄4=260,73.8)))"。

② 在"Logical_test"编辑框中输入"＄B＄4=400"(或"投资=400")。

③ 在"Value_if_true"编辑框中输入"86.1",在"Value_if_false"编辑框中键入"IF(＄B＄4=577.3,73.8,IF(＄B＄4=260,73.8))",单击"确定"按钮,如图 13-19 所示。

④ 拖动单元格 B11,将公式填充到 B12、C11、C12 单元格。

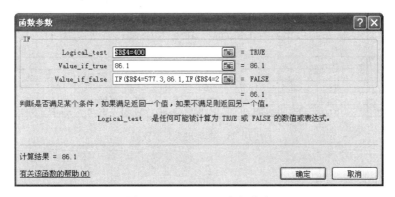

图 13-19　B11:C12 定义公式

(2) 在 D11:K11 定义公式。

① 选择单元格 D11,参照步骤(1),输入公式"=IF(投资=400,165,IF(投资=577.3,183,IF(投资=260,82.5)))",确认后,显示出数值。

② 拖动单元格 D11,将公式向右填充到 K11 单元格。

(3) 在 D12:K12 定义公式。

① 选择单元格 D12,参照步骤(1),输入公式"=IF(投资=400,85.4,IF(投资=577.3,47.1,IF(投资=260,59.8)))",确认后,显示出数值。

② 拖动单元格 D12,将公式向右填充到 K12 单元格。

(4) 在 D13:K13 定义公式。

① 选择单元格 D13,参照步骤(1),输入公式"=IF(投资=400,59.8,IF(投资-577.3,69.7,IF(投资=260,69.7)))",确认后,显示出数值。

② 拖动单元格 D13,将公式向右填充到 K13 单元格。

(5) 在 B13:C13 定义公式。

① 选择单元格 B13,参照步骤(1),输入公式"=IF(投资=400,59.8,IF(投资=577.3,69.7,IF(投资=260,69.7)))",确认后,显示出数值。

② 拖动单元格 B13,将公式向右填充到 C13 单元格。

注意:此部分公式都输入完毕。由于"投资"和"方案"单元格中还没有选择数据,单元格数据也许为空值,如图 13-20 所示。

基本数据:											
基准折现率:	15%										
投资(万元):	FALSE										
产品:											
数据计算:											
预测					年收益						概率
	1	2	3	4	5	6	7	8	9	10	
预测1	FALSE	FALSE	FALSE	FALSE	FALSE	FALSE	FALSE	FALSE	FALSE	FALSE	40%
预测2	FALSE	FALSE	FALSE	FALSE	FALSE	FALSE	FALSE	FALSE	FALSE	FALSE	20%
预测3	FALSE	FALSE	FALSE	FALSE	FALSE	FALSE	FALSE	FALSE	FALSE	FALSE	40%
预期年收益											
净现值											

图 13-20 IF 函数计算结果

(6) 查看计算结果。当 B5 单元格选择"新建大厂"后,数据如图 13-21 所示。

预测					年收益					
	1	2	3	4	5	6	7	8	9	10
预测1	86.1	86.1	165	165	165	165	165	165	165	165
预测2	86.1	86.1	85.4	85.4	85.4	85.4	85.4	85.4	85.4	85.4
预测3	59.8	59.8	59.8	59.8	59.8	59.8	59.8	59.8	59.8	59.8

图 13-21 "新建大厂"数据

5. 计算净现值

所谓净现值,是指未来各期支出(负值)和收入(正值)的当前值的总和。净现值为正,说明有预期收益;否则,预期没有得到收益。它是用来比较方案优劣的重要指标。

(1) 计算年净收益期望值。在用 NPV 函数计算净现值时,需要用到各期的净收益值。在计算净现值之前,先计算年净收益期望值。

① 选择单元格 B14,输入公式"=SUMPRODUCT(B11:B13,$L$11:$L$13)",计算第一年期望净现值。

② 将单元格 B14 的公式向右拖动填充到 K14,求其他各年的净收益期望值,如图 13-22 所示。

预测					年收益/万元						概率
	1	2	3	4	5	6	7	8	9	10	
预测1	86.1	86.1	165	165	165	165	165	165	165	165	40%
预测2	86.1	86.1	85.4	85.4	85.4	85.4	85.4	85.4	85.4	85.4	20%
预测3	59.8	59.8	59.8	59.8	59.8	59.8	59.8	59.8	59.8	59.8	40%
预期年收益	75.58	75.58	107	107	107	107	107	107	107	107	
净现值	¥85.93										

图 13-22 计算年净收益净现值

(2) 用 NPV 函数计算净现值。用 NPV 函数计算净现值的操作步骤如下所述。

① 合并居中 B15:E15,然后在单元格 B15 执行菜单命令"公式"→"插入函数"→"财务"→"NPV",弹出"函数参数"对话框,如图 13-23 所示。

任务十三 物流企业新产品投资开发方案分析

函数参数											
基本数据:											
基准折现率:	15%										
投资(万元):	400										
产品:	新建大厂										
数据计算:											
预测					年收益						概率
	1	2	3	4	5	6	7	8	9	10	
预测1	86.1	86.1	165	165	165	165	165	165	165	165	40%
预测2	86.1	86.1	85.4	85.4	85.4	85.4	85.4	85.4	85.4	85.4	20%
预测3	59.8	59.8	59.8	59.8	59.8	59.8	59.8	59.8	59.8	59.8	40%
预期年收益	75.58	75.58	107	107	107	107	107	107	107	107	

图 13-23 "函数参数"对话框

② 在"Rate"编辑框中输入"基准折现率"单元格的引用 B3。

③ 在"Value"编辑框中输入各期年净收益期望值的单元格 B14,C14,…,K14 引用,最后单击"确定"按钮。

④ B15 中没有减去原始投资,因此在公式后面加上"-投资",完整的公式为"=NPV(B3,B14,C14,D14,E14,F14,G14,H14,I14,J14,K14)-投资"。

经过上述步骤,得到净现值的计算结果,如图 13-24～图 13-26 所示。

基本数据:											
基准折现率:	15%										
投资(万元):	400										
产品:	新建大厂										
数据计算:											
预测					年收益						概率
	1	2	3	4	5	6	7	8	9	10	
预测1	86.1	86.1	165	165	165	165	165	165	165	165	40%
预测2	86.1	86.1	85.4	85.4	85.4	85.4	85.4	85.4	85.4	85.4	20%
预测3	59.8	59.8	59.8	59.8	59.8	59.8	59.8	59.8	59.8	59.8	40%
预期年收益	75.58	75.58	107	107	107	107	107	107	107	107	
净现值					85.93						

图 13-24 "新建大厂"净现值

基本数据:											
基准折现率:	15%										
投资(万元):	260										
产品:	小厂生产										
数据计算:											
预测					年收益						概率
	1	2	3	4	5	6	7	8	9	10	
预测1	73.8	73.8	82.5	82.5	82.5	82.5	82.5	82.5	82.5	82.5	40%
预测2	73.8	73.8	59.8	59.8	59.8	59.8	59.8	59.8	59.8	59.8	20%
预测3	69.7	69.7	69.7	69.7	69.7	69.7	69.7	69.7	69.7	69.7	40%
预期年收益	72.16	72.16	72.84	72.84	72.84	72.84	72.84	72.84	72.84	72.84	
净现值					104.46						

图 13-25 "小厂生产"净现值

基本数据:											
基准折现率:	15%										
投资（万元）:	577.3										
产品:	小厂扩建										
数据计算:											
预测	年收益(万元)										概率
	1	2	3	4	5	6	7	8	9	10	
预测1	73.8	73.8	183	183	183	183	183	183	183	183	40%
预测2	73.8	73.8	47.1	47.1	47.1	47.1	47.1	47.1	47.1	47.1	20%
预测3	69.7	69.7	69.7	69.7	69.7	69.7	69.7	69.7	69.7	69.7	40%
预期年收益	72.16	72.16	110.5	110.5	110.5	110.5	110.5	110.5	110.5	110.5	
净现值						-85.06					

图 13-26　"小厂扩建"净现值

在上述三种方案的净现值来看，"小厂生产"比较合理，最后的收益也比较高；而"小厂扩建"投资后会出现亏损；另外，"新建大厂"一次性投资收益不如"小厂生产"高。所以，最后选择"小厂生产"。

6. 方案管理器

如上所述，每一次操作只得出一种方案的净现值。对于多方案问题，使用"方案管理器"可以更好地管理数据和信息，还可创建方案总结报告和方案数据透视表，便于各方案分析比较。

（1）创建方案。

① 选择菜单命令"数据"→"预测"→"模拟分析"→"方案管理器"，弹出"方案管理器"对话框。

② 单击"添加"按钮，弹出"编辑方案"对话框，如图 13-27 所示。

图 13-27　"编辑方案"对话框

③ 在"方案名"编辑框中输入方案名称"新建大厂"。

④ 在"可变单元格"编辑框中输入"投资,方案"。

⑤ 单击"确定"按钮，弹出"方案变量值"对话框（如图 13-28 所示）。在"方案变量

值"对话框中输入"投资"额为"400","产品"为"新建大厂"。

⑥ 重复步骤②～⑤,创建"小厂扩建"方案,"投资"额为"577.3","产品"为"小厂扩建",如图 13-29 所示。

图 13-28　输入"新建大厂"方案变量值

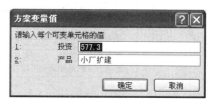

图 13-29　输入"小扩建厂"方案变量值

⑦ 重复步骤②～⑤,创建"小厂生产"方案,如图 13-30 所示。

⑧ 单击"确定"按钮,在"方案管理器"中显示创建的方案(见图 13-31)。可以对任何一个方案进行"删除""编辑""合并""摘要"等操作,单击"关闭"按钮,退出"方案管理器"。

（2）查看方案。在图 13-31 中选择指定的方案,然后单击"显示"按钮;或者直接双击任何一个方案,查看该方案的净现值。可以切换不同的方案依次查询。

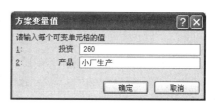

图 13-30　输入"小厂生产"方案变量值

（3）查看摘要。

① 在图 13-31 中,选择"新建大厂"方案,然后单击"摘要"按钮,弹出"方案摘要"对话框,如图 13-32 所示。

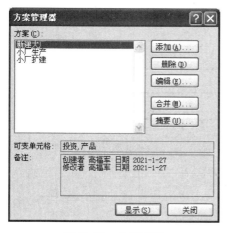

图 13-31　方案列表

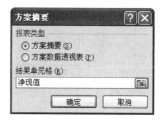

图 13-32　"方案摘要"对话框

② 选中"方案摘要",然后在"结果单元格"编辑框中输入"净现值"。单击"确定"按钮后,在当前工作表之前插入一张名为"方案摘要"的工作表,如图 13-33 所示。

B	C	D	E	F	G
方案摘要					
		当前值:	新建大厂	小厂生产	小厂扩建
可变单元格:					
	投资	400	400	260	577.3
结果单元格:					
	净现值	85.93	85.93	104.46	-85.06
注释:"当前值"这一列表示的是在 建立方案汇总时,可变单元格的值。 每组方案的可变单元格均以灰色底纹突出显示。					

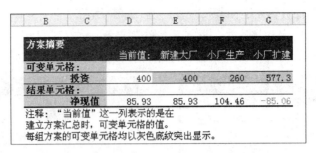

图 13-33 "方案摘要"工作表

③ 在图 13-32 中选择"方案数据透视表",弹出如图 13-34 所示报表,可将"净现值"数据格式设置为保留两位小数点。

	A	B
1	投资 由	(全部)
2		
3	行标签	净现值
4	小厂扩建	-85.05574548
5	小厂生产	104.4616247
6	新建大厂	85.92846981

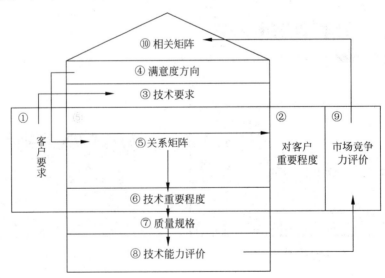

图 13-34 方案数据透视表报告

7. 建立"质量屋"工作表

(1) 新增工作表,将其命名为"质量屋"。

(2) 在"质量屋"工作表中绘制建造质量屋的技术路线,加强新产品开发过程中的质量管理,以便更好地完成新产品开发。绘制过程不详述,请参照见图 13-35 设计、绘制。

图 13-35 质量屋

六、思考题

1. 单选题

（1）被命名的名称可以在（　　）出现。
　　A. 公式　　　　　　B. 工作表名称　　　C. 工作表样式　　　D. 单元格链接

（2）在 Excel 中，数据有效性验证的设置在（　　）操作中。
　　A. 链接　　　　　　B. 排序和筛选　　　C. 数据工具　　　　D. 分级显示

（3）假设在方案管理器中输入了两种数据模型方案，那么在最后的方案中会给出（　　）种方案显示结果。
　　A. 1　　　　　　　B. 2　　　　　　　　C. 3　　　　　　　　D. 4

（4）对于数据有效性的验证，如果要设置为"序列"，那么序列中各项的分隔符应该是（　　）。
　　A. ,　　　　　　　B. ;　　　　　　　　C. /　　　　　　　　D. \

（5）以下关于名称设置的说法，正确的是（　　）。
　　A. 同一名称可以在不同的工作表中定义
　　B. 同一个工作簿中名称定义不能重复
　　C. 两个不同的工作簿不可以定义相同的名称
　　D. 以上都不是

2. 多选题

（1）在 Excel 中，已经定义的名称可以在（　　）范围使用。
　　A. 当前工作表　　　B. 当前工作簿　　　C. 以上都不可以　　D. 其他工作簿

（2）（　　）操作可以建立名称。
　　A. 定义名称　　　　B. 名称管理器　　　C. 公式求值　　　　D. 插入函数

（3）数据有效性验证设置的验证条件可以是（　　）。
　　A. 序列　　　　　　B. 数值　　　　　　C. 日期　　　　　　D. 文本长度

（4）在"数据"→"预测"→"模拟分析"中包含（　　）操作。
　　A. 方案管理器　　　B. 合并计算　　　　C. 新建批注　　　　D. 单变量求解

（5）（　　）是数据验证设置中的出错警告信息。
　　A. 警告　　　　　　B. 高亮度　　　　　C. 信息　　　　　　D. 停止

3. 问答题

单元格和区域的"名称"对于 Excel 操作来说比较方便，请说明"名称"在 Excel 中的意义及作用范围。

4. 实操题

对本次新产品开发任务，有兴趣的读者可以试一试，将三种方案从第五年开始逐年计算，看分别从哪一年开始盈利。

任务十四

物流企业进销存管理

关键词：工作表保护、VLOOKUP 函数。

学习目标：通过对物流企业货物进销存管理，熟悉和掌握 Excel 工作簿以及工作表的保护方法，以及单元格修订、批注、共享和 VLOOKUP 函数的使用方法。

一、物流知识说明

优秀的企业管理者往往可以把企业各个方面的管理工作做到人性化、精细化和科学化。对于国内众多中小物流企业来说，管理的必备工具是进销存管理软件。

物力、人力和资金并称为企业的三大资源。控制物资流是每个企业都需要做好的事情。物资流主要包括入库、库存和出库三大环节。

1. 进销存管理的含义

进销存管理是对企业生产经营中的物料流、资金流进行条码全程跟踪管理，从接获订单合同开始，到物料采购、入库、领用，再到产品完工入库、交货、回收货款、支付原材料款等，每一步都要提供详尽、准确的数据，有效辅助企业解决业务管理、分销管理、存货管理、营销计划的执行和监控、统计信息的收集等方面的业务问题。

2. 进销存管理的意义

（1）准确的采购进货管理。

（2）完全掌握库存管理。

（3）完整的配销流程。

3. 传统进销存与现代进销存管理的对比

（1）传统进销存。传统进销存是指企业管理过程中采购（进）→入库（存）→销售（销）的动态管理过程。它仅仅是将手工记账转换成电子记账，将企业的印刷品运营流程变成软件记录过程，同时加入数据分析功能。

（2）POS。POS(point of sale)的意思是销售点，一般指消费店里的一个销售点，现在常指一个消费店里的一个收银点，其具体的功能及设施如下所述。

产品功能点如下。

① 产品销售：销售产品及收银管理。

② 会员储值:会员充值管理。
③ 会员积分:会员消费积分以及积分兑换管理。
④ 会员卡管理:VIP 卡管理。
⑤ 考勤管理:收银班次考勤管理。
⑥ 小票打印:收银凭据打印。
附带的硬件有 POS 机、银联设备、超市电子秤等。

二、操作任务

如图 14-1 所示为某汽车配件商店,其日常经营进销存数据准备使用 Excel 进行管理,要求有购入汽车配件入库信息处理,销售汽车配件的数据处理,进销存数据综合统计,根据企业实际情况,设计相关的进销存数据处理电子表格。

图 14-1　某汽车配件商店

三、任务分析

本任务需要设置如下工作表。
(1) 入库工作表。记录入库货物数据的填写。
(2) 出库工作表。记录出库货物数据的填写。
(3) 进销存物流汇总表。统计所有入库/出库数据。
(4) 物料清单。记录所有进出库物料数据的原始数据。
(5) 盘点表。
各工作表中的数据可以相互引用,但要注意保证数据的正确性。

四、Excel 知识要点

1. VLOOKUP 函数
(1) 语法:VLOOKUP (lookup_value, table_array, col_index_num, [range_lookup])。
(2) 功能:VLOOKUP 的功能是组织数据。如果需要按行查找表或区域中的内容,查找的值(如员工姓氏)位于返回值(员工的电话号码)的左侧。

(3) 使用方法如图 14-2 所示。

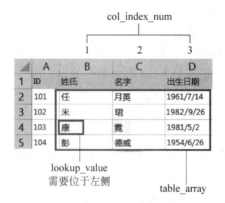

图 14-2　VLOOKUP 使用方法

2. 保护工作表

保护工作表可以防止工作表在使用过程中被错误地修改,一般可以分为以下两步。

(1) 设置工作表内要锁定的单元格。

(2) 设置保护工作表。执行菜单命令"审阅"→"更改"→"保护工作表",弹出如图 14-3 所示的对话框,在此设置工作表保护密码,也可以设置单元格使用权限。

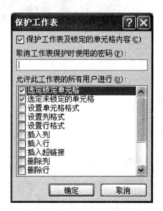

图 14-3　"保护工作表"对话框

(3) 撤销工作表保护。执行菜单命令"审阅"→"更改"→"撤销保护工作表",可以恢复工作表的正常编辑状态。如果有密码,则需要输入密码来解除保护。

3. 保护工作簿

(1) 设置保护工作簿。执行菜单命令"审阅"→"更改"→"保护工作簿"→"保护结构和窗口",弹出如图 14-4 所示的对话框,设置保护工作簿的结构或者窗口。保护以后不允许更改工作簿的结构和窗口,也可以设置相应的保护密码。

(2) 撤销工作簿保护。执行菜单命令"审阅"→"更改"→"保护工作簿"→"保护结构和窗口",弹出如图14-5所示的"撤销工作簿保护"对话框,输入密码,即可解除工作簿的保护。

图14-4 保护选项

图14-5 撤销工作簿保护

4. 工作表数据引用

非当前工作表的引用对于 Excel 来说是经常要用到的。比如公式"=SUMIF(物料入库!＄C＄3:＄C＄50,A20,物料入库!＄G＄3:＄G＄50)",从整体上看,当前要编辑的工作表肯定不是"物料入库"表,那么,在输入公式引用"物料入库"时不需要手动输入,直接单击"物料入库"工作表,选择对应的区域可完成输入。

五、Excel 操作

新建工作簿,并保存为"进销存数据管理.xlsx",然后建立下述工作表。

1. 建立物料清单工作表

(1) 将工作表 Sheet1 更名为"物料清单"。

(2) 在工作表中输入如图14-6所示的数据。

	A	B	C	D	E	F
1	编码	物料名称	规格型号	单位	单价(¥)	所在库区
2	01M 321 359	变速箱油底壳	新捷达	个	580.82	JD101
3	L059 919 501 A	温度开关	新捷达	个	113.72	JD102
4	357 199 381 C	变速箱悬置	新捷达	个	369.19	JD103
5	L020 945 415 A	倒车开关	新捷达	个	16.54	JD104
6	L06B 905 106 A	点火线圈	新捷达	个	380.98	JD105
7	L050 121 113 C	节温器	新捷达	个	21.48	JD106
8	L051 103 483 A	密封垫 2V	新捷达	个	49.08	JD107
9	L06A 103 171 C	曲轴后密封法兰	新捷达	个	70.4	JD108
10	L06A 103 598 A	油底壳	新捷达	个	88.45	JD109
11	L06A 103 609 C	油底壳密封垫	新捷达	个	80.81	JD110
12	L06A 109 119 J	正时齿带 2V	新捷达	个	129.96	JD111
13	L06A 115 561 D	机油滤清器	新捷达	个	25.02	JD112
14	L06A 121 011 Q	水泵总成	新捷达	台	360	JD113
15	L06A 141 032 A	离合器摩擦片	新捷达	个	249.61	JD114
16	L06A 260 849 C	空调皮带	新捷达	条	128.47	JD115
17	L101 000 044 AB	火花塞	新捷达	个	8.88	JD116
18	L191 407 151 B	转向控制臂	新捷达	个	193.6	JD117
19	L191 422 803 C	转向横拉杆总成	新捷达	个	114.77	JD118
20	L1GD 121 251 C	散热器	新捷达	个	539.27	JD119
21	L1GD 127 401	燃油滤清器	新捷达	个	48.44	JD120

图14-6 物料清单

2. 建立物料入库工作表

(1) 将工作表 Sheet2 更名为“物料入库”,并建立如图 14-7 所示的表头。

	A	B	C	D	E	F	G	H	I	J	K
1	入库单号	入库日期	物料编码	物料名称	规格型号	单位	入库项				备注
2							入库数量	单价	金额	所在库区	

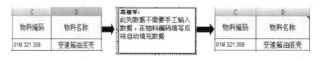

图 14-7　物料入库工作表

(2) 建立批注:在单元格 D1 建立批注,执行如下操作。

① 选择单元格 D1。

② 执行菜单命令“审阅”→“批注”→“新建批注”。

③ 在如图 14-8 所示的文本框里填写批注。输入完毕,单击单元格 D1 生成批注。单元格 D_1 右上角出现红色三角标记,将光标指向该位置就会显示出批注内容。

图 14-8　建立批注

(3) 建立物料编码下拉列表。选择单元格 C3:C50,执行菜单命令“数据”→“数据工具”→“数据有效性”,弹出如图 14-9 和图 14-10 所示的对话框进行设置。以后输入的所有编码可直接在列表中选择,保证输入的速度以及正确性。

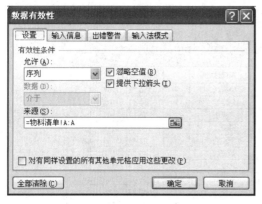

图 14-9　“数据有效性”对话框

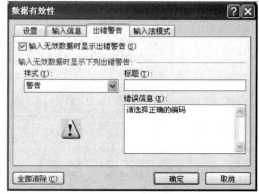

图 14-10　出错信息

(4) 选择单元格 D3:D50,输入公式“=IF(C3<>"",VLOOKUP(C3,物料清单!A:J,2,0),"")”。执行后,将自动填充物料清单中物料编码对应的物料名称,结果如图 14-11 所示,下同。

(5) 选择单元格 E3:E50,输入公式“=IF(C3<>"",VLOOKUP(C3,物料清单!A:J,3,0),"")”,执行后将自动填充物料清单中物料编码对应的规格型号。

(6) 选择单元格 F3:F50,输入公式“=IF(C3<>"",VLOOKUP(C3,物料清单!A:J,4,

0),"")",执行后将自动填充物料清单中物料编码对应的物料单位。

（7）选择单元格 H3:H50,输入公式"=IF(C3<>"",VLOOKUP(C3,物料清单!A:J,5,0),"")",执行后将自动填充物料清单中物料编码对应的单价。

（8）选择单元格 J3:J50,输入公式"=IF(C3<>"",VLOOKUP(C3,物料清单!A:J,6,0),"")",执行后将自动填充物料清单中物料编码对应的所在库区。

（9）选择单元格 I3:I50,输入公式"=IF(C3<>"",G3*H3,"")"计算入库金额。

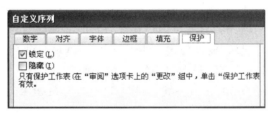

图 14-11　物料入库

（10）建立工作区保护,步骤如下。

① 选择单元格 H3:J50,右击,在弹出的快捷菜单中选择"设置单元格格式"→"保护",如图 14-12 所示,勾选"锁定"复选框。

图 14-12　工作表保护

② 选择单元格 D3:F50,右击,在弹出的快捷菜单中选择"设置单元格格式"→"保护",勾选"锁定"复选框。

③ 选择单元格 A1:K1,右击,在弹出快捷菜单中选择"设置单元格格式"→"保护",勾选"锁定"复选框。

④ 执行菜单命令"审阅"→"更改"→"保护工作表",按照图 14-13 所示选择,输入密码"123",单击"确定"按钮后,再次输入密码"123"。

⑤ 这样,锁定的单元格将不会被修改,只能修改没有被锁定的单元格。

图 14-13　"保护工作表"对话框

3. 建立物料出库工作表

（1）将工作表 Sheet3 更名为"物料出库"，并建立如图 14-14 所示的表头。

	A	B	C	D	E	F	出库项			K
1	出库单号	出库日期	物料编码	物料名称	规格型号	单位				备注
2							出仓数	单价	金额	所在库区	

图 14-14 物料出库表头

（2）建立物料编码下拉列表。

（3）选择单元格 C3:C50，执行菜单命令"数据"→"数据工具"→"数据有效性"，参照图 14-9 和图 14-10 所示的对话框做相应的设置，结果如图 14-15 所示。

	A	B	C	D	E	F	出库项			K
1	出库单号	出库日期	物料编码	物料名称	规格型号	单位				备注
2							出仓数	单价	金额	所在库区	
3	CK0101	2021-4-15	01M 321 359	变速箱油底壳	新捷达	个	10	580.82	5 808.2	JD101	领用
4	CK0103	2021-4-17	357 199 381 C	变速箱悬置	新捷达	个	5	369.2	1846	JD103	领用
5	CK0104	2021-4-18	L020 945 415 A	倒车开关	新捷达	个	10	16.54	165.4	JD104	领用
6	CK0106	2021-4-20	L050 121 113 C	节温器	新捷达	个	2	21.48	42.96	JD106	领用
7	CK0107	2021-4-21	L051 103 483 A	密封垫 2V	新捷达	个	30	49.08	1 472.4	JD107	领用
8	CK0108	2021-4-22	L06A 103 171 C	曲轴后密封法兰	新捷达	个	15	70.4	1 056	JD108	领用

图 14-15 物料出库清单

（4）选择单元格 D3:D50，输入公式"=IF(C3<>"",VLOOKUP(C3,物料清单!A:J,2,0),"")"，执行后，将自动填充物料清单中物料编码对应的物料名称。

（5）选择单元格 E3:E50，输入公式"=IF(C3<>"",VLOOKUP(C3,物料清单!A:J,3,0),"")"，执行后将自动填充物料清单中物料规格对应的规格型号。

（6）选择单元格 F3:F50，输入公式"=IF(C3<>"",VLOOKUP(C3,物料清单!A:J,4,0),"")"，执行后，将自动填充物料清单中物料编码对应的物料单位。

（7）选择单元格 H3:H50，输入公式"=IF(C3<>"",VLOOKUP(C3,物料清单!A:J,5,0),"")"，执行后，将自动填充物料清单中物料编码对应的单价。

（8）选择单元格 J3:J50，输入公式"=IF(C3<>"",VLOOKUP(C3,物料清单!A:J,6,0),"")"，执行后，将自动填充物料清单中物料编码对应的所在库区。

（9）选择单元格 I3:I50，输入公式"=IF(C3<>"",G3*H3,"")"，计算出库金额。

（10）建立工作区保护，步骤如下。

① 选择区域 H3:J50，如图 14-12 所示设置对单元格锁定。

② 选择区域 D3:F50，如图 14-12 所示设置对单元格锁定。

③ 选择区域 A1:K1，如图 14-12 所示设置对单元格锁定。

④ 执行菜单"审阅"→"更改"→"保护工作表"，按照图 14-13 设置密码"123"。

⑤ 锁定单元格不能直接被修改。

4. 建立进销存数据汇总表

（1）插入新工作表，将其命名为"进销存数据汇总表"，并建立如图 14-16 所示的表头。

	A	B	C	D	E	F	G	H	I	J	K	L
1	进销存商品数据汇总表											
2						正品数量			不良品数量			
3	物料编号	物料名称	规格型号	单位	单价(¥)	期初	购进	领用		结存	金额(¥)	备注

图 14-16　进销存汇总表表头

(2) 填充“物料编码”:选择单元格 A4,并输入公式“=物料清单! A2”,按住 A4 填充柄向下填充到 A50,以下所有操作如图 14-17 所示,下同。

	A	B	C	D	E	F	G	H	I	J	K	L
1	进销存商品数据汇总表											
2						正品数量			不良品数量			
3	物料编号	物料名称	规格型号	单位	单价(¥)	期初	购进	领用		结存	金额(¥)	备注
4	01M 321 359	变速箱油底壳	新捷达	个	580.82	50	32	10	0	72	41 819.04	
5	L059 919 501 A	温度开关	新捷达	个	113.72	70	5	0	0	75	8 529	
6	357 199 381 C	变速箱悬置	新捷达	个	369.19	100	56	5	0	151	55 747.7	
7	L020 945 415 A	倒车开关	新捷达	个	16.54	150	1	10	0	141	2 332.14	
8	L06B 905 106 A	点火线圈	新捷达	个	380.98	90	0	0	0	90	34 288.2	
9	L050 121 113 C	节温器	新捷达	个	21.48	30	0	2	0	28	601.44	
10	L051 103 483 A	密封垫 2V	新捷达	个	49.08	80	48	30	0	98	4 809.84	
11	L06A 103 171 C	曲轴后密封法兰	新捷达	个	70.4	60	8	15	0	53	3 731.2	
12	L06A 103 598 A	油底壳	新捷达	个	88.45	70	0	0	0	70	6 191.5	
13	L06A 103 609 C	油底壳密封垫	新捷达	个	80.81	100	0	0	0	100	8 081	
14	L06A 109 119 J	正时齿带 2V	新捷达	个	129.96	120	0	0	0	120	15 595.2	
15	L06A 115 561 D	机油滤清器	新捷达	个	25.02	130	3	0	0	133	3 327.66	
16	L06A 121 011 Q	水泵总成	新捷达	台	360	101	20	0	0	121	43 560	
17	L06A 141 032 A	离合器摩擦片	新捷达	个	249.61	80	0	0	0	80	19 968.8	
18	L06A 260 849 C	空调皮带	新捷达	条	128.47	66	0	0	0	66	8 479.02	
19	L101 000 044 AB	火花塞	新捷达	个	8.88	77	0	0	0	77	683.76	
20	L191 407 151 B	转向控制臂	新捷达	个	193.6	90	0	0	0	90	17 424	

图 14-17　进销存汇总表

(3) 填充“物料名称”:选择单元格 B4,并输入公式“=物料清单! B2”,按住 B4 填充柄向下填充到 B50。

(4) 填充“规格型号”:选择单元格 C4,并输入公式“=物料清单! C2”,按住 C4 填充柄向下填充到 C50。

(5) 填充“单位”:选择单元格 D4,并输入公式“=物料清单! D2”,按住 D4 填充柄向下填充到 D50。

(6) 填充“单价”:选择 E4 单元格,并输入公式“=物料清单! E2”,按住 E4 填充柄向下填充到 E50。

(7) 填充“正品期初数量”:选择 F4 单元格,并输入公式“=SUMIF(盘点表! \$A\$2:\$A\$50,进销存汇总表! A4,盘点表! \$E\$2:\$E\$50)”,按住 F4 填充柄向下填充到 F50。

这里要注意:非当前工作表数据选择可以直接点击相应的工作表并选择对应区域。

(8) 填充“正品购进数量”:选择 G4 单元格,并输入公式“=SUMIF(物料入库! \$C\$3:\$C\$50,进销存汇总表! A4,物料入库! \$G\$3:\$G\$50)”,按住 G4 填充柄向下填充到 G50。

（9）填充"正品领用数量"：选择 H4 单元格，并输入公式"＝SUMIF（物料出库！＄C＄3：＄C＄50,进销存汇总表！A4,物料出库！＄G＄3：＄G＄50）"，按住 H4 填充柄向下填充到 H50。

（10）填充"不良品数量"：选择 I4 单元格，并输入公式"＝SUMIF（盘点表！＄A＄2：＄A＄50,进销存汇总表！A4,盘点表！＄H＄2：＄H＄50）"，按住 I4 填充柄向下填充到 I50。

（11）填充"结存"：选择 J4 单元格，并输入公式"＝F4＋G4－H4－I4"，按住 J4 填充柄向下填充到 J50。

（12）填充"金额（¥）"：选择 K4 单元格，并输入公式"＝J4＊E4"，按住 K4 填充柄向下填充到 K50。

5. 建立盘点表

（1）插入新工作表，将其命名为"盘点表"，并建立如图 14-18 所示的表头。

	A	B	C	D	E	F	G	H	I	J
1	物料编码	物料名称	规格型号	单位	期初数量	进库数量	出库数量	不良品数量	结存数量	备注

图 14-18　盘点表表头

（2）填充"物料编码"：选择 A2 单元格，并输入公式"＝物料清单！A2"，按住 A2 填充柄向下填充到 A50，参照图 14-19 所示，下同。

	A	B	C	D	E	F	G	H	I	J
1	物料编码	物料名称	规格型号	单位	期初数量	进库数量	出库数量	不良品数量	结存数量	备注
2	01M 321 359	变速箱油底壳	新捷达	个	50	32	10		72	
3	L059 919 501 A	温度开关	新捷达	个	70	5	0		75	
4	357 199 381 C	变速箱悬置	新捷达	个	100	56	5		151	
5	L020 945 415 A	倒车开关	新捷达	个	150	1	10		141	
6	L06B 905 106 A	点火线圈	新捷达	个	90	0	0		90	
7	L050 121 113 C	节温器	新捷达	个	30	0	2		28	
8	L051 103 483 A	密封垫 2V	新捷达	个	80	48	30		98	
9	L06A 103 171 C	曲轴后密封法兰	新捷达	个	60	8	15		53	
10	L06A 103 598 A	油底壳	新捷达	个	70	0	0		70	
11	L06A 103 609 C	油底壳密封垫	新捷达	个	100	0	0		100	
12	L06A 109 119 J	正时齿带 2V	新捷达	个	120	0	0		120	
13	L06A 115 561 D	机油滤清器	新捷达	个	130	3	0		133	
14	L06A 121 011 Q	水泵总成	新捷达	台	101	20	0		121	
15	L06A 141 032 A	离合器摩擦片	新捷达	个	80	0	0		80	
16	L06A 260 849 C	空调皮带	新捷达	条	66	0	0		66	
17	L101 000 044	火花塞	新捷达	个	77	0	0		77	
18	L191 407 151 B	转向控制臂	新捷达	个	90	0	0		90	
19	L191 422 803 C	转向横拉杆总成	新捷达	个	30	0	0		30	
20	L1GD 121 251	散热器	新捷达	个	20	0	0		20	
21	L1GD 127 401	燃油滤清器	新捷达	个	100	0	0		100	

图 14-19　盘点表

（3）填充"物料名称"：选择 B2 单元格，并输入公式"＝物料清单！B2"，按住 B2 填充柄向下填充到 B50。

（4）填充"规格型号"：选择 C2 单元格，并输入公式"=物料清单！C2"，按住 C2 填充柄向下填充到 C50。

（5）填充"单位"：选择 D2 单元格，并输入公式"=物料清单！D2"，按住 D2 填充柄向下填充到 D50。

（6）填充"期初数量"：手动填写数据 E2:E50。

（7）填充"进库数量"：选择 F2 单元格，并输入公式"=SUMIF(物料入库！\$C\$3:\$C\$50,进销存汇总表！A4,物料入库！\$G\$3:\$G\$50)"，按住 F2 填充柄向下填充到 F50。

（8）填充"出库数量"：选择 G2 单元格，并输入公式"=SUMIF(物料出库！\$C\$3:\$C\$50,进销存汇总表！A4,物料出库！\$G\$3:\$G\$50)"，按住 G2 填充柄向下填充到 G50。

（9）填充"不良品数量"：手工填写数据 H2:H50。

（10）填充"结存数量"：选择 I2 单元格，并输入公式"=E2+F2-G2-H2"，按住 I2 填充柄向下填充到 I50。

六、思考题

1. 单选题

（1）在 Excel 中，(   )不属于"单元格格式"对话框，"数字"选项卡中的内容。
    A. 字体   B. 货币   C. 日期   D. 自定义

（2）在 Excel 中，向单元格输入"3/5"，Excel 会默认为是(   )。
    A. 分数 3/5   B. 日期 3 月 5 日   C. 小数 3.5   D. 错误数据

（3）如果删除的单元格是其他单元格的公式引用的，这些公式将显示(   )。
    A. ######   B. #REF!   C. #VALUE!   D. #NUM

（4）在"编辑"菜单的"移动与复制工作表"对话框中，若将工作表 Sheet1 移动到工作表 Sheet2 之后、工作表 Sheet3 之前，应选择(   )。
    A. Sheet1   B. Sheet2   C. Sheet3   D. Sheet4

（5）在 Excel 中，输入当前时间可按(   )组合键。
    A. Ctrl+;   B. Shift+;   C. Ctrl+Shift+;   D. Ctrl+Shift+:

2. 多选题

（1）在 Excel 2016 中，若要冻结工作表首行，下列操作正确的有(   )。
    A. 光标置于工作表任意单元格，然后执行"视图"→"窗口"→"冻结首行"
    B. 将光标置于单元格 A2，然后执行"视图"→"窗口"→"冻结窗格"→"冻结拆分窗格"
    C. 将光标置于单元格 B1，然后执行"视图"→"窗口"→"冻结窗格"→"冻结拆分窗格"
    D. 将光标置于单元格 A1，然后执行"视图"→"窗口"→"冻结窗格"→"冻结拆分窗格"

（2）在 Excel 2016 中，只允许用户在指定区域填写数据，不能破坏其他区域，并且不能删除工作表,应(　　)。

　　A. 设置"允许用户编辑区域"　　　　B. 保护工作表

　　C. 保护工作簿　　　　　　　　　　D. 添加打开文件密码

(3) 以下操作中,属于 Excel 审阅菜单下处理的内容的有(　　)。

　　A. EXC 拼音检查　　B. 信息检索　　C. 翻译　　D. 共享

(4) 以下关于 VLOOKUP 函数的说法,正确的有(　　)。

　　A. VLOOKUP 函数只能查找最左侧一列中包含的数据

　　B. VLOOKUP 函数可以查找任意一列中包含的数据

　　C. VLOOKUP 函数可以返回数据范围中任意一列的对应数据

　　D. VLOOKUP 函数可以同时返回数据范围中多列对应的数据

(5) 关于 SUMIF 函数,下列描述正确的有(　　)。

　　A. SUMIF 函数可以返回范围内所有数据之和

　　B. SUMIF 函数只能返回范围内满足条件的数据之和

　　C. SUMIF 函数返回的数据只有两种情况

　　D. SUMIF 函数是无条件的对数据求和

3. 问答题

(1) 本任务中"进销存汇总表"使用 SUMIF 函数的位置是否可以用 VLOOKUP 函数替代?

(2) 保护工作表时,是否可以只保护指定的某一区域?

任务十五

物流企业多技能工人员管理

关键词：宏。

学习目标：通过对物流企业多技能工信息的管理，熟练掌握 Excel 宏的录制、指定、执行等操作过程，为后续任务中 VBA 数据处理打下基础。

一、物流知识说明

1. 物流企业人力资源管理

人力资源管理是指在经济学与人本思想指导下，通过招聘、甄选、培训、报酬等管理形式对组织内、外相关人力资源进行有效运用，满足组织当前及未来发展的需要，保证组织目标实现与成员发展最大化的一系列活动的总称。它是预测组织人力资源需求，做出人力需求计划、招聘、选择人员并进行有效组织，考核绩效支付报酬并进行有效激励，结合组织与个人需要进行有效开发，以便实现最优组织绩效的全过程。

2. 物流企业人力资源管理的内容

（1）人力资源规划。根据企业长期经营发展的要求，预测人才需求，制定企业人力资源规划及发展战略，并组织、落实各项措施。

（2）职务设计与职务分析。通过对工作任务的分解，根据不同的工作内容设计不同的职务，规定每个职务对员工能力和水平的要求，明确其应承担的职责和作用，使员工与岗位相匹配。

（3）招聘和选拔员工。招聘前进行职务设计与分析，提高招聘与录用工作的质量；吸引并网罗企业所需人才，为企业配备符合职务（岗位）要求、能够认真履行岗位职责的合格人才。

（4）培训与开发。加强教育与培训工作，提高员工的思想道德水平、科技文化知识水平、专业技能水平，不断提高员工素质，以适应当代社会的发展需要。

（5）绩效评估与奖酬管理。健全人员绩效的考评体系，规范岗位工作标准、劳动纪律和员工工作行为，完善奖惩管理体系，保证奖励与惩罚的公平和公正，激励员工不断提高工作绩效水平。

3. 优秀人力资源对物流企业的影响案例

对于国内的汽车零部件物流企业、快递物流业、运输物流业，人员流动性非常大，普遍感觉每天企业都在招聘各类人员，每天也有很多人员辞职，企业大量人员的不断流动势必给企业今后的生产发展造成不良影响。

某快递企业××市分公司的负责人说，快递企业的成本包括仓储费用、购买设备的费用、物流运输费用以及人力成本。"其中，人力成本是最重的，大概占40%～50%。"快递行业流动性太大，只有通过涨工资才留得住人，因此人力成本不断上升。目前交通物流业吸纳就业的能力趋于饱和。

综上所述，对于物流企业来说，做好人力资源管理非常重要，不断选拔和培养后备人才是企业持续发展的基础。因此，采用现代化的方法和技术做好人力资源档案数据管理显得更加迫切。

二、操作任务

某物流企业生产部人员信息采用 Excel 进行管理，每位员工个人数据信息各占一页。虽然员工信息比较丰富，但是面对众多的员工，无法有效管理，资料查找起来比较麻烦。本任务力求改变这种人事数据管理方式，要求能够在 Excel 中快速查找指定员工的相关信息，及时调取档案数据。

三、任务分析

1. 建立员工信息表

对于企业特定员工的管理，首先要建立档案，如表 15-1 所示。

表 15-1 员工档案

质量管理部多技能员工个人档案				
个人基本信息				
部门	质量管理部	入职时间	2017.9.15	
区域	总装甲段	班组	排序班	
姓名	张会明	身份证号	2201041982××××3737	
现居住地	汽开区山泉镇	联系方式	186×××5618	
具备素质能力				
员工岗位	多技能		多技能率	100%

续表

序号	素质能力名称	是否具备	序号	素质能力名称	是否具备	序号	素质能力名称	是否具备	序号	素质能力名称	是否具备
1	叉车作业		13	库位识别		22	R3(备货单打印)		34		
2	叉车点检		14	KLT 缓存备货单识别		23	R3(空器具出门证)		35		
3	牵引车作业	√	15	GLT 缓存备货单识别	√	24	R3(RFTD 要货)系统		36		
4	牵引车点检	√	16	超市备货单识别		25	R3(空箱备货单)		37		
5	入口检查		13	库位识别		26	控系统(车辆调度)	√	38		
6	手持 RFTD 点检	√	14	空器具识别		27	IS 排序(超市排序)		39		
7	车载 PC 点检		15	空箱标识识别		28	零件禁用卡填写		40		
8	空器具检查	√	17	极限样件手册识别		29	器具禁用卡填写		41		
9	安全目视标识识别	√	18	运单识别		30	相关辅助工具使用		42		
10	缓存标识识别		19	空箱备货单识别		31			43		
11	生产线标识识别	√	20	先进先出方案		32			44		
12	看板识别	√	21	R3(缓存出库要货)		33			45		

申请项目代码提示	√:为具备的岗位能力	□:为不具备的岗位能力
具备上岗资格		
岗位名称		
GLT 上线员		

2. 确定数据管理的功能

数据管理功能如下所述:能快速查找指定员工信息,并能及时填写新员工的相关数据;操作起来要方便,不允许随便翻阅其他员工信息。

四、Excel 知识要点

本任务主要的知识点是"宏"的概念和操作。

1. 什么是"宏"

宏可以在计算机上运行多条命令。因此,VBA 宏会引起潜在的安全风险。黑客可以通过某个文档引入恶意宏,一旦打开该文档,该宏就会运行,并且可能在计算机上传播病毒。

2. "宏"操作

若要自动执行重复性任务,可以在 Microsoft Office Excel 中快速记录宏。通过使用 Visual Basic 编辑器编写宏脚本,或将宏的全部或部分复制到一个新的宏。创建宏后,通过单击对象运行它,将其分配到对象(如工具栏按钮、图形或控件)。对于已经建立的宏,还可以二次编辑,达到预想的效果。如果不再使用该宏,可以将其删除。

3. 录制"宏"

(1) 执行如图 15-1 所示的菜单命令"开发工具"→"代码"→

图 15-1 代码工具组

"录制宏"时,宏录制器会记录完成需要宏来执行的操作所需的一切步骤。记录的步骤中不包括在功能区上操作导航的过程。

注意:如果菜单中没有"开发工具"选项卡,可以执行下列操作以显示此选项卡:

执行菜单命令"文件"→"选项",打开 Excel 选项对话框。找到"自定义功能区",勾选右侧"自定义功能区下"→"开发工具",然后单击"确定"按钮,回到主菜单就可以看到开发工具。

(2)单击停止录制宏,然后在"宏名"框中输入宏的名称。至此,建立了第一个自定义宏。

4."宏"的安全设置

在"开发工具"→"代码"组中,单击"宏安全性",弹出"信任中心"→"宏设置"。由于宏可能包含病毒,所以要对其进行安全性设置,包含如下内容。

(1)禁用所有宏,并且不通知:如果不信任宏,单击此选项,将禁用文档中的所有宏,以及有关宏的安全警告。

(2)禁用所有宏,并发出通知:这是默认设置。如果希望禁用宏,但又希望存在宏时收到安全警告,请单击此选项。

(3)禁用无数字签署的所有宏:由受信任的发布者进行数字签名的情况。此设置与"禁用所有宏,并发出通知"选项相同。如果信任发布者,宏就可以运行;如果不信任发布者,会收到通知。

(4)启用所有宏(不推荐,可能会运行有潜在危险的代码):单击此选项,可允许所有宏运行,会使计算机容易受到潜在恶意代码的攻击。因此,不建议使用此设置。

5.创建"宏"

(1)在"开发工具"选项卡的"代码"组中,单击"宏"。

(2)在如图 15-2 所示"宏名"框中输入要建立的宏名称。

图 15-2 "宏"对话框

(3)单击"创建"按钮,开始创建。

6.执行"宏"

(1)在"开发工具"选项卡的"代码"组中,单击"宏"。

（2）在如图 15-2 所示"宏名"框中，单击选择要运行的宏。

（3）单击"运行"按钮，开始执行宏。

7. 删除"宏"

（1）在"开发工具"选项卡的"代码"组中，单击"宏"。

（2）在"位置"列表中，选择含有要删除的宏的工作簿。例如，单击"当前工作簿"。

（3）在"宏名"框中，选择指定宏名称。

（4）单击"删除"按钮将其删除。

8. 打开工作簿时自动运行"宏"

在宏安全性设置中选择"启用所有宏"，会使 Excel 工作簿打开后自动执行所设置的"宏"，这样操作，可能导致病毒侵入。

9. 保存 Excel 含有"宏"的工作簿

对于 Excel 来说，含有宏的文件和不含有宏的文件保存格式是不同的。

（1）含有宏的文件保存格式为.xlsm，可以在保存文件时选择该格式。

（2）不含有宏的文件保存格式为.xlsx，保存文件时默认该格式。

如果建立了宏，若在保存文件时没有选择.xlsm，将按默认格式.xlsx 来保存，建立的"宏"将会被舍弃，这一点要尤为注意。

五、Excel 操作

1. 建立人力资源信息表

（1）按照表 15-1 所示的格式建立空白的表格。

（2）填写相关信息，注意设置数据格式。

（3）为部门中的每一个员工建立一张数据表。

2. 建立名为"主界面"的工作表

（1）将"主界面"工作表的背景设置为"深灰色"，添加艺术字"质量管理部多技能员工档案"，并添加命令按钮，如图 15-3 所示。

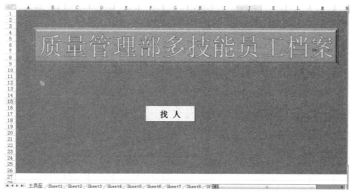

图 15-3　主界面

（2）添加命令按钮，步骤如下。

① 在控件组中单击"开发工具"→"控件"→"插入"→"表单控件"→"按钮"，如图 15-4 所示。

② 在工作表中添加并画出命令按钮。

③ 修改命令按钮标题为"找人"。

图 15-4 控件组

（3）在每一张员工信息表中均加入一个"命令"按钮，标题为"返回"。

（4）在图 15-2 中宏名后文本框中输入"查找"，单击"创建"按钮，在弹出的编辑器内为"找人"命令按钮建立宏代码如下。

```
Sub 查找()
    Dim StrFind As String
    Dim sht As WorkSheet, r As Range
    Dim Rng As Range
    Do
        StrFind = InputBox("你要找谁?请输入姓名:" + vbCrLf + "不查了请随意输入")
        If StrFind = "" Then MsgBox "没有姓名让我怎么查,再来!!!"
    Loop While StrFind = ""
    For Each sht In Sheets
        Set r = sht.Cells.Find(What:=StrFind) '在工作表中查找
        If Not r Is Nothing Then '如果找到
            MsgBox "已经找到了!!!"
            sht.Visible = xlSheetVisible '取消工作表隐藏
            sht.Activate '激活工作表
            r.Activate '使查到的单元格成为活动单元格
            Exit Sub '不再继续查找
        End If
    Next
    MsgBox "抱歉了啊,没有这个人啊!!!"
End Sub
```

注意：前期如果没有指定按钮标题，后期也可以单击"找人"按钮，弹出如图 15-5 所示的快捷菜单，选择"指定宏"命令，则弹出如图 15-6 所示的对话框，选择"查找"后单击"确定"按钮即可。

图 15-5 快捷菜单

图 15-6 "指定宏"对话框

(5) 编写"返回"命令按钮的宏代码,如下所示。

```
Sub 返回()
    Dim sht As WorkSheet
    Sheets("主界面").Activate
End Sub
```

3. 测试查找员工档案

返回主菜单工作表,单击"找人"命令按钮,会弹出如图 15-7 所示的输入信息对话框。

输入要查找的员工名字,然后单击"确认"按钮,比如输入"王一鸣",将弹出员工"王一鸣"所在的工作表,如图 15-8 所示;进行相关操作以后,单击"返回"命令按钮,返回主界

图 15-7 输入对话框

图 15-8 员工档案

面工作表,继续查找其他员工信息。如果找不到,将弹出对话框"抱歉了啊,没有这个人啊!!!",如图 15-9 所示。

图 15-9　错误提示

六、思考题

1. 单选题

(1) 建立了宏的工作簿必须保存在(　　)类型的文件中。

　　A. xlsx　　　　B. xlsm　　　　C. xml　　　　D. xlsb

(2) 建立宏以后,要打开文件就启动宏。所以,对于宏的安全性,应该(　　)。

　　A. 启用所有宏　　　　　　　　B. 禁止所有宏

　　C. 禁用无数字签名的宏　　　　D. 以上都不对

(3) 在一个表格中,为了查看满足部分条件的数据内容,最有效的方法是(　　)。

　　A. 选中相应的单元格　　　　　B. 采用数据透视表工具

　　C. 采用数据筛选工具　　　　　D. 通过宏来实现

(4) 对工作簿进行加密,应打开"工具"菜单栏中的(　　)命令。

　　A. 修订　　　　B. 自动更正　　　　C. 方案　　　　D. 保护

(5) 在表格中一次性插入 3 行,正确的方法是(　　)。

　　A. 选定 3 行,在"表格"菜单中选择"插入行"命令

　　B. 无法实现

　　C. 选择"表格"菜单中的"插入行"命令

　　D. 把插入点放在行尾部,然后按回车键

2. 多选题

(1) 可以在(　　)类型的文件中建立"宏"。

　　A. 新工作簿　　B. 当前工作簿　　C. 个人宏工作簿　　D. 以上都不是

(2) 对于宏的运行方式,可以采取(　　)方式。

　　A. 单步执行　　B. 执行　　　　C. 创建　　　　D. 删除

(3) 在 Excel 2016 中,序列包括(　　)。

　　A. 等差序列　　　　　　　　　B. 等比序列

　　C. 日期序列　　　　　　　　　D. 自动填充序列

(4) 关于 Excel 2016 的页眉页脚,下列说法正确的有(　　)。

　　A. 可以设置首页不同的页眉页脚

　　B. 可以设置奇偶页不同的页眉页脚

　　C. 不能随文档一起缩放

　　D. 可以与页边距对齐

(5) 下列关于 Excel 2016 的排序功能,下列说法正确的有(　　)。

　　A. 可以按行排序

　　B. 最多允许有三个排序关键字

　　C. 可以自定义序列排序

D. 可以按列排序

3. 实操题

（1）自己录制一段宏，然后试试执行此段宏，观察执行效果。

（2）对于员工表中的"返回"按钮，如果不指定宏，用超链接是否可以实现？

（3）本任务中，员工管理的"查找"功能是通过查找工作表内员工姓名的数据完成的。是否可以将工作表名称直接修改为员工姓名，然后通过直接查找工作表来找到该名员工？试一试实现该功能。

任务十六

VBA 在物料管理中的应用

关键词：VBA 对象、窗体。
学习目标：通过对物料的管理操作，掌握 Excel 工作簿、工作表及单元格的建立、修改和保存等操作，应用 VBA 中的窗体操作，提高 Excel 使用能力。

一、物流知识说明

1. 物料管理

物料管理的概念起源于第二次世界大战中航空工业出现的难题。生产飞机需要大量单个部件，很多部件非常复杂，而且必须符合严格的质量标准。这些部件从地域分布广泛的成千上万家供应商那里采购，并且对最终产品的整体功能至关重要。物料管理就是从整个公司的角度来解决物料问题，包括协调不同供应商之间的关系，使不同物料之间的配合性和性能表现符合设计要求；提供不同供应商之间以及供应商与公司各部门之间交流的平台，控制物料流动率。计算机被引入企业后，为实行物料管理创造了有利条件，将物料管理的作用发挥到极致。

2. 物料管理的原则

通常意义上，物料管理部门应保证物料供应适时、适质、适量、适价、适地，这就是物料管理的 5R 原则，是对任何公司均适用且实用的原则，也易于理解和接受，下面分别阐述。

（1）适时：要求供应商在规定的时间准时交货，防止交货延迟和提前交货。

（2）适质：对于供应商送来的物料和仓库发到生产现场的物料，质量应是合格的，符合技术要求。

（3）适量：采购物料的数量应是适当的，即对买方来说是经济的订货数量，对卖方而言为经济的受订数量。

（4）适价：采购价格的高低直接关系到最终产品或服务价格的高低，在确保满足其他条件的情况下力争最低的采购价格是采购人员最重要的工作。采购部门的职能包括标准化组件、发展供应商、发展替代用品、评估和分析供应商的行为。

（5）适地：物料原产地的地点应适当，与使用地的距离越近越好。距离太远，运输成本大，无疑会影响价格，同时沟通协调、处理问题很不方便，容易造成交货延迟。

3. 物料管理的目标

（1）物料规格标准化，减少物料种类，有效管理物料规格的新增与变更。
（2）适时供应生产所需物料，避免停工待料。
（3）适当管制采购价格，降低物料成本。
（4）确保来料品质良好，并适当地管制供货商。
（5）有效率地收发物料，提高工作效率，避免产生呆料、废料。
（6）掌握物料适当的存量，减少资金积压。
（7）考核物料管理绩效。
（8）充分利用仓储空间。

二、操作任务

本任务通过 VBA 数据处理完成"永久物流公司物料管理"。在如图 16-1 所示的界面内编写"录入""查询""删除""修改"四个按钮的代码，实现基本的物料管理功能，加快数据处理能力。

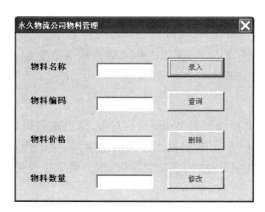

图 16-1　任务界面

三、任务分析

本任务包含对 Excel VBA 数据的处理，包含以下几方面内容。

1. Excel VBA 操作环境

要掌握 Excel VBA 的相关操作，首先要了解 Excel 工作簿包含的 Workbook、WorkSheet、Range 对象的操作，简述如下。

（1）Workbook：工作簿的新建、打开、关闭、保存等操作。
（2）WorkSheet：工作表的新建、删除、移动等操作。
（3）Range：单元格的赋值、修改、选择、删除等操作。

对于上述三个对象，相互之间为逐级向下包含的关系，即 WorkBook 对象包含

WorkSheet 对象,WorkSheet 对象包含 Range 对象。

2. 工作表物料管理模式

通过这部分操作,了解和掌握在工作表中通过宏来控制单元格数据的赋值和更改,为窗体数据的处理奠定基础。

3. 在窗体中进行物料管理

这是最终完成的任务,设置窗体对象的布局,涉及对象 VBA 语句和命令的使用。

四、Excel 知识要点

1. WorkBook

WorkBook 对象代表工作簿,WorkBooks 集合包含当前所有的工作簿。下面介绍与 WorkBook 对象相关的重要方法和属性,及其操作的方法技巧。

WorkBook 集合包含 Excel 中所有打开的工作簿,可以使用 For Each…Next 循环遍历 WorkBook 集合;可以使用 WorkBook 集合创建新的工作簿(WorkBook),或者关闭操作工作簿。

一般来说,可以使用 WorkBook.Add 方法新建工作簿,可以为工作簿指定一个模板;可以使用 Open 方法打开已有工作簿;使用工作簿名称或者数字索引引用工作簿;或者通过 Close 方法关闭所有的工作簿。

2. WorkSheet

在 Excel 中,经常需要操作的是 WorkSheet 对象,所有的数据处理都要在 WorkSheet 对象中完成。在编写代码时,经常要引用工作表的名字、确定工作表在工作簿中的位置、增加工作表、删除工作表、复制工作表、移动工作表、重命名工作表等。

3. Range

Range 对象是 Excel 应用程序中最经常使用的对象,在操作 Excel 内的任何区域之前,都需要将其表示为一个 Range 对象,然后使用该 Range 对象的方法和属性。一般情况下,一个 Range 对象代表一个单元格、一行、一列、包含一个或者更多单元块(可以是连续的单元格,也可以是不连续的单元格)的选定单元格,甚至是多个工作表上的一组单元格。简单地说,Range 就是操作 Excel 内的具体内容(单元格)的对象。

Range 对象可能是 VBA 代码中最常用的对象。Range 对象可以是某一单元格、某一单元格区域、某一行、某一列,或者是多个连续或非连续的区域组成的区域。

针对 Rang 对象,应掌握以下技巧。

(1) With 语句的使用。

(2) 变量的简单使用。

(3) 学会使用 End 方法获取单元格顶点。

(4) 单元格的查找、删除方法。

(5) Msgbox 函数的简单使用。

（6）错误处理语句的使用。

4. 窗体设计

（1）窗体：窗体是一个容器，包含若干"开发工具"→"工具箱"内的对象。
（2）命令按钮：命令按钮可以包含程序代码，单击后执行。
（3）文本框：一般起到输入或者输出数据的作用。
（4）标签框：一般起到提示或者输出的作用。

五、Excel 操作

1. Workbook 应用操作

新建一个工作簿，然后按 Alt+F11 组合键，进入 Excel VBA 开发环境。执行菜单命令"插入"→"模块"后生成"模块1"，再通过"属性"窗口将其更名为"工作簿操作"。在代码窗口输入代码，包含对工作簿执行创建、打开、关闭等操作。注意，VBA 中的所有符号必须是英文的（引号内的除外）。

（1）创建工作簿（Add 方法）。执行后创建一个新的工作簿并添加相应的标题，代码如下所示。

```
Sub CreateNewWorkBook()
    Dim wb As Workbook
    Dim wsAsWorkSheet
    Dim i As Long
    MsgBox "将创建一个新工作簿,并预设工作表格式."
    Set wb = Workbooks.Add
    Set ws = wb.Sheets(1)
    ws.Name = "商品汇总表" '命名工作表
    ws.Cells(1, 1) = "序号"
    ws.Cells(1, 2) = "商品名称"
    ws.Cells(1, 3) = "商品数量"
    For i = 2 To 10
        ws.Cells(i, 1) = i - 1
    Next i
End Sub
```

（2）添加并保存新工作簿。使用 Add 方法和 SaveAs 方法添加一个新工作簿，并将其以文件 SalesData.xls 保存在 D 盘中，代码如下所示。

```
Sub AddSaveAsNewWorkbook()
    Dim WkAs Workbook
    Set Wk = Workbooks.Add
    Application.DisplayAlerts = False '禁止弹出警告对话框
    Wk.SaveAs Filename:="D:\SalesData.xlsx"
End Sub
```

(3) 打开工作簿方法(Open 方法)如下。

① 判断工作簿是否已打开,代码如下所示。

```
Sub testFileExists()
    MsgBox "如果文件不存在,则用信息框说明,否则打开该文件."
    If NotFileExists("D:\SalesData.xlsx") Then
        MsgBox "这个工作簿不存在!"
    Else
        Workbooks.Open"D:\SalesData.xlsx"
    End If
End Sub
Function FileExists(FullFileName As String) As Boolean
    FileExists = Len(Dir(FullFileName)) > 0          '如果工作簿存在,则返回 True
End Function
```

② 打开指定位置的 Excel 文件,代码如下所示。

```
Sub OpenWorkbook()
    Dim fname As String
    MsgBox "将以只读方式打开<D:\SalesData.xlsx>工作簿"
    fname = "d:\SalesData.xlsx"
    Workbooks.Open Filename:=fname, ReadOnly:=True
End Sub
```

(4) 保存工作簿的方法。对于已经存在并已打开的工作簿,可进行如下操作。

① 保存当前的工作簿,代码如下所示。

```
Sub SaveWorkbook()
    MsgBox "保存当前工作簿."
    ActiveWorkbook.Save
End Sub
```

② 保存所有打开的工作簿,代码如下所示。

```
Sub SaveAllWorkbook1()
    Dim wb As Workbook
    MsgBox "保存所有打开的工作簿后退出 Excel."
    For Each wb In Application.Workbooks
        wb.Save
    Next wb
    Application.Quit
End Sub
```

③ SaveAs 方法相当于"另存为"命令,将以指定名称保存工作簿。如果文件夹中该工作簿名已存在,则提示是否替换原工作簿,代码如下所示。

```
Sub SaveWorkbook()
    Dim oldName As String, newName As String
    Dim folderName As String, fname As String
    oldName = ActiveWorkbook.Name
    newName = "new" & oldName
```

```
    MsgBox "将<" & oldName & ">以<" & newName & ">的名称保存"
    folderName = Application.DefaultFilePath
    fname = folderName & "\" & newName
    ActiveWorkbook.SaveAs fname
End Sub
```

(5) 测试工作簿中是否包含指定工作表(Sheets 属性),代码如下所示。

```
Sub TestSheetExists()
    MsgBox "测试工作簿中是否存在指定名称的工作表"
    Dim b As Boolean
    b = SheetExists("Sheet1")
    If b = True Then
        MsgBox "该工作表存在于工作簿中"
    Else
        MsgBox "工作簿中没有这个工作表"
    End If
End Sub
Private Function SheetExists(sname) As Boolean
    Dim x As Object
    On Error Resume Next
      Set x = ActiveWorkbook.Sheets(sname)
    If Err = 0 Then
        SheetExists = True
    Else
        SheetExists = False
    End If
End Function
```

(6) 关闭工作簿方法(Close 方法)如下。

① 直接关闭工作簿,代码如下所示。

```
Sub CloseWorkbook1()
    Msgbox "不保存所作的改变而关闭本工作簿"
    ActiveWorkbook.Close False
End sub
```

② 询问是否保存工作簿并关闭,代码如下所示。

```
Sub CloseWorkbook2()
    Msgbox "保存所作的改变并关闭本工作簿"
    ActiveWorkbook.Close True '注意 TRUE 与 FALSE 的使用区别
End sub
```

③ 关闭并保存所有工作簿,代码如下所示。

```
Sub CloseAllWorkbooks()
    Dim Book As Workbook
    For Each Book In Workbooks
        If Book.Name <> ThisWorkbook.Name Then
            Book.Closesavechanges:=True
```

```
        End If
    Next Book
    ThisWorkbook.Closesavechanges:=True
End Sub
```

2. WorkSheet 应用操作

新建一个工作簿,然后按 Alt+F11 组合键进入 Excel VBA 开发环境。执行菜单命令"插入"→"模块"后生成"模块 1",再通过属性窗口将其更名为"工作表操作"。在代码窗口输入代码,对工作表执行添加、删除、隐藏、激活等操作。

(1)增加工作表(Add 方法)代码如下。

```
Sub AddWorkSheet()
    MsgBox "在当前工作簿中添加一个工作表"
    WorkSheets.Add
    MsgBox "在当前工作簿中的工作表 Sheet2 之前添加一个工作表"
    WorkSheets.Add before:=WorkSheets("Sheet2")
    MsgBox "在当前工作簿中的工作表 Sheet2 之后添加一个工作表"
    WorkSheets.Add after:=WorkSheets("Sheet2")
    MsgBox "在当前工作簿中添加 3 个工作表"
    WorkSheets.Add Count:=3
End Sub
```

(2)隐藏和显示工作表(Visible 属性)代码如下。

```
Sub testHide()
    MsgBox "第一次隐藏工作表 Sheet1"
    WorkSheets("Sheet1").Visible = False
    MsgBox "显示工作表 Sheet1"
    WorkSheets("Sheet1").Visible = True
    MsgBox "第二次隐藏工作表 Sheet1"
    WorkSheets("Sheet1").Visible = xlSheetHidden
    MsgBox "显示工作表 Sheet1"
    WorkSheets("Sheet1").Visible = True
    MsgBox "第三次隐藏工作表 Sheet1"
    WorkSheets("Sheet1").Visible = xlSheetHidden
    MsgBox "显示工作表 Sheet1"
    MsgBox "显示工作表 Sheet1"
    WorkSheets("Sheet1").Visible = xlSheetVisible
End Sub
```

(3)获取工作表数(Count 属性)代码如下。

```
Sub WorkSheetNum()
    Dim i As Long
    i = WorkSheets.Count
    MsgBox "当前工作簿的工作表数为:" & Chr(10) & i
End Sub
```

(4) 获取或设置工作表名称(Name 属性)代码如下。

```
Sub NameWorkSheet()
    Dim sName As String, sChangeName As String
    sName = WorkSheets(2).Name
    MsgBox "当前工作簿中第 2 个工作表的名字为:" & sName
    sChangeName = "我的工作表"
    MsgBox "将当前工作簿中的第 3 个工作表名改为:" & sChangeName
    WorkSheets(3).Name = sChangeName
End Sub
```

(5) 激活/选择工作表(Activate 方法和 Select 方法)。采用 Activate 方法只能激活一个工作表,而 Select 方法可以同时选择多个工作表。

① 方法示例一。

```
Sub SelectWorkSheet()
    MsgBox "激活当前工作簿中的工作表 Sheet2"
    WorkSheets("Sheet2").Activate
    MsgBox "激活当前工作簿中的工作表 Sheet3"
    WorkSheets("Sheet3").Select
    MsgBox "同时选择工作簿中的工作表 Sheet2 和 Sheet3"
    WorkSheets(Array("Sheet2", "Sheet3")).Select
End Sub
```

② 方法示例二。

```
Sub SelectManySheet()
    MsgBox "选取第一个和第三个工作表"
    WorkSheets(1).Select
    WorkSheets(3).Select False
End Sub
```

(6) 获取当前工作表的索引号(Index 属性)代码如下。

```
Sub GetSheetIndex()
    Dim i As Long
    i = ActiveSheet.Index
    MsgBox "您正使用的工作表索引号为" & i
End Sub
```

(7) 工作表行和列的操作如下。

① 隐藏行代码如下所示。

```
Sub HideRow()
    Dim iRow As Long
    MsgBox "隐藏当前单元格所在的行"
    iRow = ActiveCell.Row
    ActiveSheet.Rows(iRow).Hidden = True
    MsgBox "取消隐藏"
    ActiveSheet.Rows(iRow).Hidden = False
End Sub
```

② 隐藏列代码如下所示。

```
Sub HideColumn()
    Dim iColumn As Long
    MsgBox "隐藏当前单元格所在列"
    iColumn = ActiveCell.Column
    ActiveSheet.Columns(iColumn).Hidden = True
    MsgBox "取消隐藏"
    ActiveSheet.Columns(iColumn).Hidden = False
End Sub
```

③ 插入行代码如下所示。

```
Sub InsertRow()
    Dim rRow As Long
    MsgBox "在当前单元格上方插入一行"
    rRow = Selection.Row
    ActiveSheet.Rows(rRow).Insert
End Sub
```

④ 插入列代码如下所示。

```
Sub InsertColumn()
    Dim cColumn As Long
    MsgBox "在当前单元格所在列的左边插入一列"
    cColumn = Selection.Column
    ActiveSheet.Columns(cColumn).Insert
End Sub
```

⑤ 插入多行代码如下所示。

```
Sub InsertManyRow()
    MsgBox "在当前单元格所在行上方插入三行"
    Dim rRow As Long, i As Long
    For i = 1 To 3
        rRow = Selection.Row
        ActiveSheet.Rows(rRow).Insert
    Next i
End Sub
```

⑥ 设置行高代码如下所示。

```
Sub SetRowHeight()
    MsgBox "将当前单元格所在的行高设置为25"
    Dim rRow As Long, iRow As Long
    rRow = ActiveCell.Row
    iRow = ActiveSheet.Rows(rRow).RowHeight
    ActiveSheet.Rows(rRow).RowHeight = 25
    MsgBox "恢复到原来的行高"
    ActiveSheet.Rows(rRow).RowHeight = iRow
End Sub
```

⑦ 设置列宽代码如下所示。

```
Sub SetColumnWidth()
    MsgBox "将当前单元格所在列的列宽设置为20"
    Dim cColumn As Long, iColumn As Long
    cColumn = ActiveCell.Column
    iColumn = ActiveSheet.Columns(cColumn).ColumnWidth
    ActiveSheet.Columns(cColumn).ColumnWidth = 20
    MsgBox "恢复至原来的列宽"
    ActiveSheet.Columns(cColumn).ColumnWidth = iColumn
End Sub
```

⑧ 恢复行高列宽至标准值代码如下所示。

```
Sub ReSetRowHeightAndColumnWidth()
    MsgBox "将当前单元格所在的行高和列宽恢复为标准值"
    Selection.UseStandardHeight = True
    Selection.UseStandardWidth = True
End Sub
```

（8）删除工作表（Delete 方法）代码如下。

```
Sub DeleteWorkSheet()
    MsgBox "删除当前工作簿中的工作表Sheet2"
    Application.DisplayAlerts = False '来屏蔽弹出的警告框
    WorkSheets("Sheet2").Delete
    Application.DisplayAlerts = True
End Sub
```

（9）删除当前工作簿中的空工作表代码如下。

```
Sub Delete_EmptySheets()
    Dim sh As WorkSheet
    For Each sh In ThisWorkbook.WorkSheets
        If Application.WorkSheetFunction.CountA(sh.Cells) = 0 Then
            Application.DisplayAlerts = False
            sh.Delete
            Application.DisplayAlerts = True
        End If
    Next
End Sub
```

3. Range 应用操作

新建一个工作簿，按 Alt+F11 组合键进入 Excel VBA 开发环境。执行菜单命令"插入"→"模块"后生成"模块1"，再通过属性窗口将其更名为"单元格操作"，在代码窗口输入代码，对单元格执行赋值、选取区域、清除内容、删除、激活等操作。

（1）单元格赋值方法如下。

① 赋值方法一。

```
Sub test1()
```

```
            WorkSheet("Sheet1").Range("A5").Value = 22
            MsgBox "工作表 Sheet1 内单元格 A5 中的值为" &WorkSheet("Sheet1").Range_
("A5").Value
End Sub
```

② 赋值方法二。

```
Sub test2()
            WorkSheet("Sheet1").Range("A1").Value = WorkSheet("Sheet1").Range_
("A5").Value
            MsgBox "现在 A1 单元格中的值也为" &WorkSheet("Sheet1").Range("A5").Value
End Sub
```

③ 赋值方法三。

```
Sub test3()
            MsgBox "用公式填充单元格,本例为随机数公式"
            Range("A1:H8").Formula = "=Rand()"
End Sub
```

④ 赋值方法四。

```
Sub test4()
            WorkSheet(1).Cells(1,1).Value = 24
            MsgBox "现在单元格 A1 的值为 24"
End Sub
```

⑤ 赋值方法五。

```
Sub test5()
            MsgBox "给单元格设置公式,求 B2 至 B5 单元格区域之和"
            ActiveSheet.Cells(2,1).Formula = "=Sum(B1:B5)"
End Sub
```

(2) 清除单元格方法如下。

① 方法一:清除单元格中的内容(ClearContents 方法)。

```
Sub testClearContents()
            MsgBox "清除指定单元格区域中的内容"
            WorkSheet(1).Range("A1:H8").ClearContents
End Sub
```

② 方法二:清除单元格中的全部,包括内容、格式和批注(Clear 方法)。

```
Sub testClear()
            MsgBox "彻底清除指定单元格区域"
            WorkSheets(1).Range("A1:H8").Clear
End Sub
```

(3) 选取单元格区域(Select 方法)代码如下。

```
Sub testSelect()
            '选取单元格区域 A1:D5
```

```
        WorkSheet("Sheet1").Range("A1:D5").Select
End Sub
```

（4）调整区域的大小（Resize 属性）。下面调整所选区域的大小，使其增加一行一列。

```
Sub ResizeRange()
    Dim numRows As Integer, numcolumns As Integer
    WorkSheets("Sheet1").Activate
    numRows = Selection.Rows.Count
    numcolumns = Selection.Columns.Count
    Selection.Resize(numRows + 1, numcolumns + 1).Select
End Sub
```

（5）选取多个区域（Union 方法）代码如下。

```
Sub testUnion()
    Dim rng1 As Range, rng2 As Range, myMultiAreaRange As Range
    WorkSheet("Sheet1").Activate
    Set rng1 = Range("A1:B2")
    Set rng2 = Range("C3:D4")
    Set myMultiAreaRange = Union(rng1, rng2)
    myMultiAreaRange.Select
End Sub
```

（6）激活已选区域中的单元格代码如下。

```
Sub ActivateRange()
    MsgBox "选取单元格区域 B2:D6 并将 C4 选中"
    ActiveSheet.Range("B3:D6").Select
    Range("C5").Activate
End Sub
```

（7）复制单元格（Copy 方法）代码如下。

```
Sub CopyRange()
    MsgBox "在单元格 B7 中写入公式后,将 B7 的内容复制到 C7:D7 内"
    Range("B7").Formula = "=Sum(B3:B6)"
    Range("B7").Copy Destination:=Range("C7:D7")
End Sub
```

（8）合并单元格代码如下。

```
Sub MergeCells()
    MsgBox "合并单元格 A2:C2,并将文本设为居中对齐"
    Range("A2:C2").Select
    With Selection
        .MergeCells = True
        .HorizontalAlignment = xlCenter
    End With
End Sub
```

(9) 删除单元格区域(Delete 方法)代码如下。

```
Sub DeleteRange()
    MsgBox "删除单元格区域 C2:D6 后,右侧的单元格向左移动"
    ActiveSheet.Range("C2:D6").Delete (xlShiftToLeft)
End Sub
```

4. 工作表简单物料管理模式

（1）利用 Excel VBA 操作数据。对于工作表的使用操作,我们已经很熟悉,操作也很简单。如何用 VBA 代码集合来完成指定的功能呢？下面将详细说明。

① 打开 Excel,新建一个文件,然后将工作表 Sheet1、工作表 Sheet2 的名字分别修改为"数据库""主界面"。

② 在"数据库"工作表中填写数据,如图 16-2 所示。

图 16-2 "数据库"表头

③ 创建"主界面"工作表,如图 16-3 所示。选择菜单命令"开发工具\控件\插入\表单控件\按钮(窗体控件)",然后在工作表中用鼠标画出一个按钮,依次添加如图 16-3 所示的其他三个按钮,标题设置"录入、查询、删除、修改"。将单元格 E6、E8、E10、E12 的背景色设为"白色,背景 1,深色 25%"。

图 16-3 "主界面"表

④ 进入 VBA 编辑器。在当前工作表标签上右击,在弹出的快捷菜单中单击"查看代码"命令,弹出 VBA 编辑器,如图 16-4 所示。简单来说,VBA 编辑器就是编写 VBA 代码的工具,编写完成的代码将放在其中。使用 VBA 代码编写了小程序,我们才能在工作表中完成输入物料的功能。

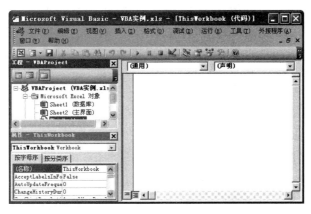

图 16-4　VBA 编辑器

⑤ 添加模块。打开 VBA 编辑器,就可以添加代码数据,方法是在打开的 VBA 窗口中执行菜单命令"插入"→"模块",在如图 16-5 所示的"工程"窗口中看到建立的"模块 1"。

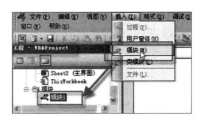

图 16-5　插入模块

在插入模块后,也同时打开"模块 1"的代码窗口,用于编写宏代码。

⑥ 添加代码。用 VBA 编写在单元格 D5 中输入物料的程序。插入模块后,在如图 16-6 所示的打开的代码窗口中输入以下代码。

```
Sub shuru()
    Range("A2") = "案例精选"
End Sub
```

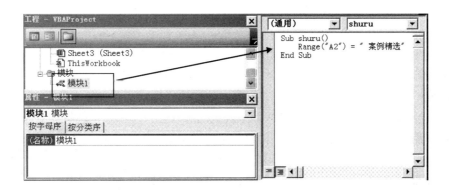

图 16-6　输入的代码

图 16-7　执行程序

⑦ 执行程序。编辑完代码后，执行程序方法有两种：一种是将光标放在程序中，然后单击工具栏的执行按钮，如图 16-7 所示；另一种也是把光标放在程序中，执行菜单命令"运行"→"运行子程序"，快捷键为 F5。

程序运行后，在单元格 D5 中显示出"案例精选"四个字。

继续在模块 1 中输入如下代码，执行后，在单元格 A2、B2、C2、D2 中再输入物料相关信息，看看执行后的结果。

```
Sub shuru()
    Range("A2") = "前保险杠外罩"
    Range("B2") = " L1GD 807 217 GRU"
    Range("C2") = " ￥700.88"
    Range("D2") = "100 "
End Sub
```

（2）添加命令按钮，完成"录入"功能。掌握了采用 VBA 方法在当前工作表的单元格中输入数据的操作方法，下面介绍如何把数据输入其他工作表中。现在要执行的是向"数据库"工作表输入当前工作表的内容，操作步骤如下所述。

在模块 1 中新建一个过程 ShuRuData，代码如下所示。

```
Sub ShuRuData()
  Dim myrow As Long
  With Sheets("数据库")
    myrow = .Range("A1048576").End(xlUp).Row + 1
      .Cells(myrow, 1) = Sheets("主界面").Range("E6")
      .Cells(myrow, 2) = Sheets("主界面").Range("E8")
      .Cells(myrow, 3) = Sheets("主界面").Range("E10")
      .Cells(myrow, 4) = Sheets("主界面").Range("E12")
    End With
    Range("E6") = ""
    Range("E8") = ""
    Range("E10") = ""
    Range("E12") = ""
    MsgBox "录入完成……"
    End Sub
```

在"主界面"工作表的 E6、E8、E10 和 E12 单元格输入数据后，单击"录入"命令按钮，完成数据录入。每次录入完成后都会弹出信息框图，如图 16-8 所示。

对于上述宏代码要注意以下两个问题。

① With...End With 语句。使用 With 注意以下几点。

- 使用 With 语句一定要有结束的语句 End With，二者必须成对出现，否则系统会提示错误信息。
- 如果当前工作表是"主界面"，代码 Sheets("主界面")

图 16-8　弹出的录入完成提示

可以省略；但如果当前工作表发生改变，不再是"主界面"工作表，不可以省略；如果不省略，不管当前工作表是哪一个都不会出错，执行代码时一定要注意。

将 Sheets("数据库").Cells(2, 1) = Sheets("主界面").Range("A2"),改为如下格式。

```
With Sheets("数据库")
    .Cells(2, 1) = Sheets("主界面").Range("A2")
End With
```

② 在数据库工作表中追加数据。随着数据录入,信息会不断地增加,输入的位置不断地下移,不是固定的,所以在输入前需要确定数据库工作表中的行数。

在 VBA 中一般采用如下方法来获取最后一行非空数据的位置。

- Range("A1048576").End(xlup):表示 A 列最后一个非空数据行。
- Range("A1048576").End(xlup).row:获取该非空行行号。
- ActiveSheet.UsedRange.Rows.Count:表示活动工作表的数据行数。

(3) 添加命令按钮查询物料信息。参照如图 16-3 所示的"主界面"工作表,完成查询功能,即根据给定的零件名称,在"数据库"工作表中查找该零件的位置,并显示相关信息。

查找零件信息要用到 VBA 中的 Find 方法。它可以根据零件名称查找位置。Find 方法有很多参数,这里我们只需要使用两个参数:一个是模糊查找的内容;另一个是要精确查找。

格式:

查找的区域.Find(查找的内容,,,xlwhole)

说明:如果在"数据库"工作表指定的范围内查找"主界面"工作表中 E6 表示的物料名称并返回所在位置的行数,可以表示为

```
Sheets("数据库").Columns(1).Find(Range("E6"),,,xlWhole).Row
```

代码说明:这里 Columns(1)表示第一列,由于在"数据库"工作表中,物料名称放在第一列,所以在第一列中查询。如果查找数据重复,那么从上到下找到满足条件的第一条数据所在的行位置。为了让代码更直观,也可以把返回的结果放在一个变量中,即

```
myrow = .Columns(1).Find(Range("E6"),,,xlWhole).Row
```

以便很容易地用代码实现查询按钮的功能。

```
Sub ChaXun()
    Dim MyRow As Long
    If Range("E6") = "" Then
MsgBox "你要查什么名字的物料?"
        Exit Sub
    Else
MyRow = Sheets("数据库").Columns(1).Find(Range("E6"),,,xlWhole).Row
        Range("E6") = Sheets("数据库").Cells(MyRow, 1)
        Range("E8") = Sheets("数据库").Cells(MyRow, 2)
        Range("E10") = Sheets("数据库").Cells(MyRow, 3)
        Range("E12") = Sheets("数据库").Cells(MyRow, 4)
    End If
End Sub
```

(4) 添加错误处理,完善查询功能。在上述查询过程中,如果查询物料不存在,则程序将出现错误。如何处理这种错误？最好是在出现错误后能给出提示。

VBA 有多种错误处理语句,这里使用语句：On Error GoTo 跳到的位置。包含错误处理完整的代码如下：

```
Sub ChaXun()
    Dim MyRow As Long
    If Range("E6") = "" Then
MsgBox "你要查什么物料?你要告诉我"
        Exit Sub
    Else
        On Error GoTo 100
MyRow = Sheets("数据库").Columns(1).Find(Range("E6"),,,xlWhole).Row
        Range("E6") = Sheets("数据库").Cells(MyRow, 1)
        Range("E8") = Sheets("数据库").Cells(MyRow, 2)
        Range("E10") = Sheets("数据库").Cells(MyRow, 3)
        Range("E12") = Sheets("数据库").Cells(MyRow, 4)
    End If
    Exit Sub
100:
MsgBox "查找不到查询数据,继续查询请继续输入正确数据！"
End Sub
```

代码说明：

① On Error GoTo 语句的使用说明。

格式：On Error GoTo 标号
          <语句>
      标号：
          <语句>

功能：当代码运行出现错误,或者查找不到数据时,程序跳到"标号"处,执行"标号"后的语句。

② 在 100 标号前面的代码 Exit sub 语句必须添加,否则,无论是否出错,都会执行 100 标号后面的语句。加入 Exit sub 语句后,如果查找成功,在此句终止程序的运行。

(5) 删除指定物料名称的行数据。删除指定 Excel 行数据的前提是首先找到指定的行,所以要先执行查询命令。找到以后,通常选择当前工作表的指定行,然后使用删除命令将该行删除。

① 工作表的选择：

```
Sheets("数据库").Select
```

② 行选择命令：

```
    Rows(b & ":" & b).Select
```

③ 删除行命令：

```
Selection.Delete Shift:=xlDown
```

删除命令按钮的代码如下所示。

```vba
Sub ShanChu()
    Dim MyRow As Long
    Dim YesNo As String
    If Range("E6") = "" Then
MsgBox "你要查什么物料呢?你要告诉我"
        Exit Sub
    Else
        On Error GoTo 100
MyRow = Sheets("数据库").Columns(1).Find(Range("E6"), , , xlWhole).Row
        Range("E6") = Sheets("数据库").Cells(MyRow, 1)
        Range("E8") = Sheets("数据库").Cells(MyRow, 2)
        Range("E10") = Sheets("数据库").Cells(MyRow, 3)
        Range("E12") = Sheets("数据库").Cells(MyRow, 4)
YesNo = MsgBox("确认要删除找到的数据行吗", vbYesNo)
        If YesNo = vbYes Then
Sheets("数据库").Select
            Rows(MyRow).Select
Selection.Delete Shift:=xlDown
Sheets("主界面").Select
        End If
    End If
    Exit Sub
100:
MsgBox "查找不到删除记录,继续删除请重新输入正确物料名称"
End Sub
```

（6）修改数据。想要修改物料信息,也是先执行"查询"命令,找到要修改的物料后,将数据修改为指定的信息,然后单击"修改"按钮,确认后修改。修改按钮的代码如下。

```vba
Sub XiuGai()
    Dim YesNo As String
YesNo = MsgBox("确认要修改的数据吗", vbYesNo)
    If YesNo = vbYes Then
MyRow = Sheets("数据库").Columns(1).Find(Range("E6"), , , xlWhole).Row
Sheets("数据库").Cells(MyRow, 2) = Range("E8")
Sheets("数据库").Cells(MyRow, 3) = Range("E10")
Sheets("数据库").Cells(MyRow, 4) = Range("E12")
        MsgBox "修改数据完成!"
    Else
        MsgBox "放弃本次修改!"
    End If
End Sub
```

5. 带有窗体的物料基本管理方式

（1）打开 Excel,新建一个工作簿,将工作表 Sheet1 的名字修改为"数据库"。

（2）建立窗体,并进行相应的设置。

右击工作表的名字,在弹出的快捷菜单中选择"查看代码"命令,进入 VBA 编辑器。执行菜单命令"插入"→"用户窗体",插入如图 16-9 所示窗体。修改窗体的标题属性,如

图 16-10 所示。

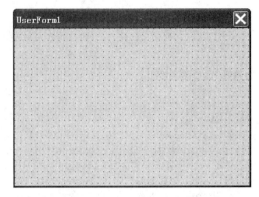

图 16-9　插入的用户窗体

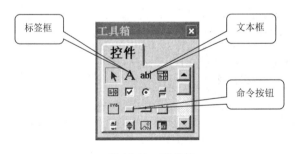

图 16-10　属性窗体

（3）查看工具箱，如图 16-11 所示。

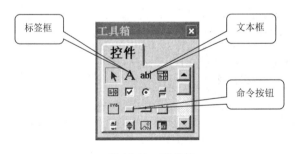

图 16-11　工具箱

（4）添加对象控件，具体如下。
① 添加标签框，修改标签框属性，如图 16-12 所示。
② 添加文本框，修改文本框属性，如图 16-13 所示。
③ 添加命令按钮，命令按钮的一般属性与标签框和文本框一样，如图 16-14 所示。

任务十六 VBA在物料管理中的应用

图 16-12 标签框属性设置

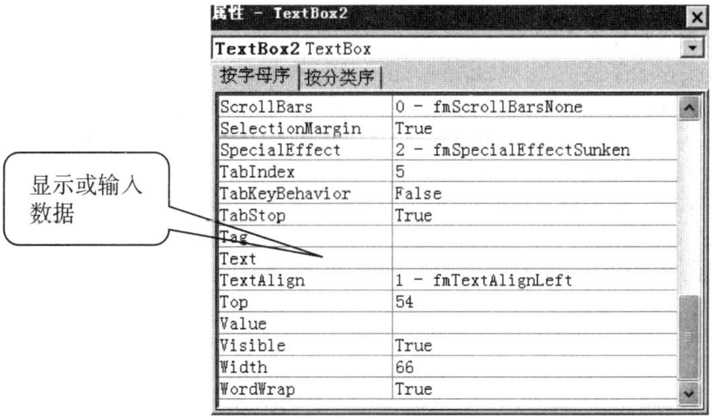

图 16-13 文本框属性

图 16-14 完成后的窗体界面

（5）设置启动窗体。在图 16-15 中选择"ThisWorkbook"，弹出图 16-15 右侧所示的代码窗口。在 Open 事件中输入如下代码。

UserForm1.Show

图 16-15　设置启动窗体

（6）双击命令按钮"录入"，然后输入如下代码。

```
Private Sub CommandButton1_Click()
    Dim MyRow As Long
    With Sheets("数据库")
MyRow = .Range("A1048576").End(xlUp).Row + 1
        .Cells(MyRow, 1) = TextBox1.Text
        .Cells(MyRow, 2) = TextBox2.Text
        .Cells(MyRow, 3) = TextBox3.Text
        .Cells(MyRow, 4) = TextBox4.Text
    End With
    TextBox1.Text = ""
    TextBox2.Text = ""
    TextBox3.Text = ""
    TextBox4.Text = ""
MsgBox "录入完成"
End Sub
```

（7）双击命令按钮"查询"，输入如下代码。

```
Private Sub CommandButton2_Click()
   If TextBox1.Text = "" Then
MsgBox "你要查什么呢?你要告诉我"
       Exit Sub
    Else
       On Error GoTo 100
MyRow = Sheets("数据库").Columns(1).Find(TextBox1.Text, , , xlWhole).Row
       TextBox1.Text = Sheets("数据库").Cells(MyRow, 1)
       TextBox2.Text = Sheets("数据库").Cells(MyRow, 2)
       TextBox3.Text = Sheets("数据库").Cells(MyRow, 3)
       TextBox4.Text = Sheets("数据库").Cells(MyRow, 4)
    End If
    Exit Sub
100:
MsgBox "查找不到记录"
End Sub
```

(8) 双击命令按钮"删除",输入如下代码。

```
Private Sub CommandButton3_Click()
    Dim MyRow As Long
    Dim YesNo As String
    If TextBox1.Text = "" Then
MsgBox "你要查什么呢?你要告诉我"
        Exit Sub
    Else
        On Error GoTo 100
MyRow = Sheets("数据库").Columns(1).Find(TextBox1.Text, , , xlWhole).Row
        TextBox1.Text = Sheets("数据库").Cells(MyRow, 1)
        TextBox2.Text = Sheets("数据库").Cells(MyRow, 2)
        TextBox3.Text = Sheets("数据库").Cells(MyRow, 3)
        TextBox4.Text = Sheets("数据库").Cells(MyRow, 4)
YesNo = MsgBox("确认要删除找到的数据行吗", vbYesNo)
        If YesNo = vbYes Then
Sheets("数据库").Select
Rows(MyRow).Select
Selection.Delete Shift:=xlDown
        End If
    End If
    Exit Sub
100:
MsgBox "查找不到删除记录"
End Sub
```

(9) 双击命令按钮"修改",输入如下代码。

```
Private Sub CommandButton4_Click()
    Dim YesNoAs String
On Error GoTo 100
YesNo = MsgBox("确认要修改的数据吗", vbYesNo)
    If YesNo = vbYes Then
MyRow = Sheets("数据库").Columns(1).Find(TextBox1.Text, , , xlWhole).Row
Sheets("数据库").Cells(MyRow, 2) = TextBox2.Text
Sheets("数据库").Cells(MyRow, 3) = TextBox3.Text
Sheets("数据库").Cells(MyRow, 4) = TextBox4.Text
    MsgBox "修改数据完成!"
    Else
        MsgBox "放弃本次修改!"
    End If
100:
MsgBox "查找不到修改记录,请重新确认!!!"
End Sub
```

六、思考题

1. 单选题

(1) 进入 VBA 编辑器的快捷键是( )。
  A. Alt+F12 B. Alt+F11 C. Alt+F10 D. Alt+F9

(2) 在 Excel 工作表中添加命令按钮,是在( )菜单中。
  A. 开发工具→控件   B. 开发工具→加载项
  C. 开发工具→代码   D. 开发工具→修改

(3) 在 Excel 中添加若干个控件,属于( )。
  A. 代码模式   B. 模块模式
  C. 代码+设计模式   D. 设计模式

(4) 在窗体中修改控件的外观,属于修改控件的( )特性。
  A. 事件 B. 方法 C. 属性 D. 以上都不对

(5) 关闭工作簿的 VBA 操作命令是( )。
  A. CLOSE B. EXIT C. MSGBOX D. END

2. 多选题

(1) Excel VBA 工具箱中包含( )。
  A. 命令按钮 B. 文本框 C. 日历 D. 标签框

(2) 在 VBA 代码窗口总可以插入( )数据。
  A. 过程 B. 用户窗体 C. 模块 D. 类模块

(3) 对单元格操作的命令有( )。
  A. CELLS B. RANGE C. SHEET D. DIM

(4) 遇到( )命令,会终止模块程序的执行。
  A. END SUB   B. EXIT SUB
  C. CLOSE   D. Close Workbook

(5) 利用 SELECT 命令可以进行( )操作。
  A. 选择行   B. 选择列
  C. 选择工作表   D. 以上都不可以

任务十七

仓储信息管理系统综合应用

关键词：循环、分支、程序应用。

学习目标：本任务是Excel的综合应用。通过对仓储数据的管理、掌握VBA循环语句、分支语句、窗体中复合框的使用方法，以及多条件汇总SUMIFS函数的使用方法。通过运用VBA，将工作表数据和VBA命令融合在一起，提升Excel的数据处理能力。

一、物流知识说明

1. 仓储管理系统

仓储管理系统就是为提高仓储作业和仓储管理活动的效率，对仓库实施全面管理的计算机信息系统（根据中华人民共和国国家标准《物流术语》(GB/T 18354—2006)）。

物流管理信息化是物流管理系统中的重要内容之一。物流系统只有具有良好的信息处理和传输系统，才能快速、准确地获取销售反馈信息和配送货物跟踪信息，从而提高物流企业的服务水平。

2. 物流信息化管理的条件

物流管理信息化的必备条件主要有以下三点。

（1）一套完整的物流信息管理系统，为物流运作提供电子化管理支持。

（2）一个能快速、方便、安全、可靠地交换数据的电子数据交换平台。

（3）为用户提供个性化的物流信息服务。

为此，企业应加大投入，建立计算机支持的物流信息系统。

3. 实现物流信息化管理的原则

（1）物流信息系统存储的信息必须具有简易而且持续的可获取性。物流信息系统必须能够快速而准确地将以书面为基础的信息转化为电子信息，保证第一时间向信息需求者提供简易、快捷的信息，以便减少企业作业和制订计划中的不确定性，减少损失和浪费。

（2）信息的精确性。系统的物流信息必须能够精确地反映企业当前的状况和定期活动，以衡量顾客的订货和存货水平。信息越是准确，企业发生不确定性运作的情况越少，缓冲存货或安全存货的需求量也越少。

（3）信息的及时性。物流信息的及时性要求，一种活动发生时与该活动在信息系统内可见时的时间间隔应尽可能小，必须及时地更新系统内的信息。这也是物流信息化最基本的原则。

（4）信息系统的灵活性。物流信息系统必须具有高度的灵活性，以满足用户和顾客的多样化需求。企业物流信息系统必须有能力提供能迎合特定顾客需要的数据。

（5）系统界面的易操作性。物流信息系统必须易于操作、便于使用，同时有助于提升工作效率。适当的系统界面要求能够有效地向决策者提供所有相关的信息，避免管理者通过复杂的操作才能达到相应的要求。

二、操作任务

现有汽车主机厂的零部件供应仓库（见图17-1）。为了提高仓库工作人员的工作效率，改善入货、出库流程烦琐、杂乱、周期长的情况，需要进行基于Excel的仓库进出库的自动化管理，要求针对本仓库内存放的汽车零部件进行进出库账目统计，做到每日进出库流水账目清晰。另外，要对每个月的进出库汽车零部件进行汇总统计，做好零部件每月供应量的研究和调整。在操作方面，要求提示清晰，操作简单，容易培训。请根据以上信息，采用Excel编制和开发出仓库零部件管理系统。

图17-1 仓库外貌图

三、任务分析

针对汽车主机厂的仓库管理要求，采用Excel 2016制作仓库管理系统。针对仓库对零部件管理的需求，制定如图17-2所示功能模块。系统的核心是入库、库存和出库之间的联系，每一个表的修改都将联动影响其他表。完成入库或出库操作后，系统会自动地完成库存修改，数据流向如图17-3所示。

各部分窗体的要求参看Excel操作中各窗体的构成及其功能。

任务十七　仓储信息管理系统综合应用

图 17-2　仓库管理功能设置

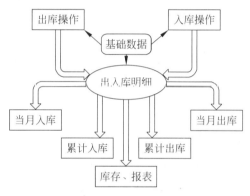

图 17-3　仓库管理数据流向图

四、Excel 知识要点

本任务的知识要点是 VBA 语句以及对象的使用方法,主要包括 For 语句、Select Case 语句、Exit 语句、If 语句;还涉及对象的使用,包括列表框的使用。对于 VBA 语句与对象的使用是 Excel 应用中比较难的知识点,学习过 Visual Basic 的读者对此不陌生;但对于没有接触过程序设计的读者来说会比较困难,要多花些时间来学习。

以下是程序中用到的 VBA 语句和函数的说明。

1. FOR 语句

格式:

```
For <开始条件> To <结束条件> [Step 步长]
    <循环体>
Next
```

功能:在开始条件和结束条件允许时执行循环体代码。每一次执行后,开始条件都要加上步长,与结束条件相比较,超出结束条件,循环体执行结束。For 和 Next 必须成对出现,否则将出现错误。

2. Select Case 语句

格式:

```
Select Case <变量>
    Case <条件 1>
        <代码 1>
    Case <条件 2>
        <代码 2>
    …
    [Case Else]
        <代码>
End Select
```

功能:这是一个多分支条件选择语句,按照给定变量的值来选择执行的代码,执行后退出 Select Case 语句,使用起来更灵活。

3. 复合框

复合框一般用于预先添加若干条数据,在执行数据输入操作时提供可选择的数据,加快输入速度,提高输入的准确性。

4. 函数 SUMIFS

格式:

```
SUMIFS(sum_range,criteria_range1,criteria1,[criteria_range2, criteria2], …)
```

功能:用于计算满足多个条件的全部参数的总量。

举例:计算图 17-4 中张宁销售苹果的数量。

例题中的条件有两个:一是销售人员是"张宁",二是农产品"苹果"。同时满足这两个条件才能得到所需的结果。利用 SUMIFS 函数写出如下公式:

```
=SUMIFS(A2:A9,B2:B9,"=苹果",C2:C9,"张宁")
```

	A	B	C
1	已销售数量	农产品	销售人员
2	5	苹果	张宁
3	4	苹果	谢娜
4	15	香梨	张宁
5	3	香梨	谢娜
6	22	香蕉	张宁
7	12	香蕉	谢娜
8	10	胡萝卜	卢宁

图 17-4 例题表

执行后,得到同时满足这两个条件的结果。

五、Excel 操作

本任务涉及窗体、工作表、宏及 VB 程序设计代码的处理。下面介绍各部分窗体及其功能。

1. 设置工作簿

进入"开发工具"后,在"工程窗口"中双击"ThisWorkBook",在其代码窗口中添加如下代码。这是 Excel 文件初次打开后的相关设置。

```
Private Sub workbook_open()
    ActiveSheet.Protect "123"
```

```
    Application.ScreenUpdating = False
    Application.WindowState = xlMaximized
WHBackGround.Show 0
Login.Show
    Sheets("主界面").Visible = -1
    Sheets("主界面").Activate
    Application.Visible = True
    Application.ScreenUpdating = True
End Sub
```

2. 添加模块

在 VBA 编辑器中执行菜单命令"插入"→"模块"后,在"工程"窗口中弹出"模块 1", 在其代码窗口中添加如下代码。

```
Sub ReturnToMain()                    '返回主界面的宏代码
    Call ProtectWorkSheet
    Sheets("主界面").Visible = -1
    Sheets("主界面").Activate
End Sub
Sub ProtectWorkSheet()                '保护激活的工作簿
    ActiveSheet.Protect "123"
End Sub
Sub UnProtectWorkSheet()              '取消激活工作表的保护
    ActiveSheet.Unprotect Password:="123"
End Sub
Sub AddRowData(Y As ComboBox, Z As String, J As Integer)
Sub AddRowData(Y As ComboBox, Z As String, J As Integer)
    Dim I As Long, MyRow As Long, K As ComboBox, CoL As String
    Set K = Y
    Select Case J
        Case 1
            CoL = "A:A"
        Case 2
            CoL = "B:B"
        Case 3
            CoL = "C:C"
        Case 4
            CoL = "D:D"
        Case 5
            CoL = "E:E"
      Case 6
            CoL = "F:F"
    End Select
    MyRow = Application.WorkSheetFunction.CountA(Sheets(Z).Range(CoL))
    For I = 2 To MyRow
        K.AddItem Sheets(Z).Cells(I, J)
    Next I
End Sub
```

3. 设计窗体

本任务需要完成五个窗体:登录背景窗体,输入登录信息显示的背景画面;登录窗体,输入登录的用户名及密码,起到安全的作用,防止他人误操作;入库窗体,输入每日入库零部件数据;出库窗体,输入每日出库零部件数据;物料代码窗体,维护物料编码的相关信息。

图 17-5 登录背景窗体

(1) 设置登录背景窗体。在 VBA 编辑器中,执行菜单命令"插入"→"用户窗体",添加登录背景窗体(见图 17-5),并在其中通过执行菜单命令"视图"→"工具箱"添加需要的对象。

① 窗体界面设计。

② 对象属性设置。针对背景窗体,在"属性"窗口中设置属性,如表 17-1 所示。

表 17-1 属性设置

对象	属 性	属 性 值
窗体	名称	WHBackGround
	Picture	添加仓库 1 图片(可自行选择图片)
	PictureTiling	True

③ 登录背景窗体代码如下所示。

```
Private Sub UserForm_Initialize()
    Me.Width = Application.Width + 5
    Me.Height = Application.Height + 5
    Me.Top = 0
    Me.Left = 0
End Sub
```

(2) 设置登录窗体。在 VBA 编辑器中,执行菜单命令"插入"→"用户窗体",添加登录窗体,并在其中通过执行菜单命令"视图"→"工具箱"添加需要的对象,如图 17-6 所示。

图 17-6 登录窗体

① 窗体界面设计。

② 对象属性设置。如图 17-6 所示,登录窗体中包含了标签框、文字框、复合框、命令按钮等对象。各对象的属性设置如下表 17-2 所示。

表 17-2　对象属性设置

对象		属性	属性值
窗体		名称	WHBackGround
标签	Label1	名称	lblDate
		BackStyle	0
	Label2	名称	lblTiTle
		Caption	长春汽车国际物流零部件仓库
	Label3	名称	lblEnterpriseName
		Caption	企业名称：
	Label4	名称	lblUserName
		Caption	用户名称：
			lblUserPassWprd
		Caption	用户口令：
文字框	TXTText1	名称	txtEnterpriseName
	TXTText2	名称	txtPassWord
命令按钮	CommandButton1	名称	cmdOk
		Caption	确定
	CommandButton2	名称	cmdQuit
		Caption	退出
复合框	Combox1	名称	CombUser

③ 登录窗体代码如下所示。

```
Private Sub cmdOk_Click()                        '系统登录确认按钮
    Dim MyRow As Long
    MyRow = Sheets("登录用户设置").Columns(1).Find(CombUser.Text, , , xlWhole).Row

    Application.ScreenUpdating = False           '屏蔽刷屏
    If Me.txtPassWord.Text = Sheets("登录用户设置").Cells(MyRow, 2).Value Then
        MsgBox Me.CombUser & ",欢迎你使用本系统!",vbInformation,"系统提示"
        Unload Login
        Unload WHBackGround
        Application.Visible = True
    Else
        MsgBox "密码错误,你不能使用本系统!",vbExclamation,"系统提示"
        ThisWorkbook.Close savechanges:=False    '不能直接保存修改后退出
    End If
    Application.ScreenUpdating = True            '打开刷屏
End Sub
Private Sub CmdQuit_Click()                      '系统退出
    Unload Login
    Unload frmFace
    Application.Visible = True
```

```
            ThisWorkbook.Close savechanges:=True        '直接保存修改后退出
        End Sub
        Private Sub UserForm_Initialize()               '窗体初始化
            Call AddRowData(Login.CombUser, "登录用户设置", 1)
                                                        '调用自定义过程添加用户名到对象中
            Me.CombUser.SetFocus
            lblDate.Caption = Date                      '显示当前日期
            Me.txtEnterpriseName.Text = "长春汽车国际物流零部件仓库"
        End Sub
```

（3）设置入库窗体。在 VBA 编辑器中,执行菜单命令"插入"→"用户窗体",添加入库窗体,如图 17-7 所示。并在其中通过执行菜单命令"视图"→"工具箱"添加需要的对象。

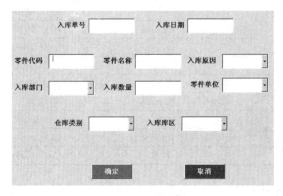

图 17-7　入库窗体

① 窗体界面设计。

② 设置对象属性。如图 17-7 所示的入库窗体中包含标签、文字框、命令按钮、复合框等对象,各个对象的属性设置如表 17-3 所示。

表 17-3　对象属性设置

对象		属性	属性值
窗体		名称	frmIn
		Caption	入库操作
		BackColor	浅绿色
标签	Label1	Caption	入库单号
	Label2	Caption	入库日期
	Label3	Caption	零件代码
	Label4	Caption	零件名称
	Label5	Caption	零件类别
	Label6	Caption	入库部门
	Label7	Caption	入库库别
	Label8	Caption	库区编码
	Label9	Caption	入库数量
	Label10	Caption	零件单位

续表

对　　象	属　　性	属　性　值
文字框	TXTText1	名称	txtInSheetNum
	TXTText2	名称	TxtInDate
	TXTText3	名称	TxtInCode
	TXTText4	名称	txtInName
	TXTText5	名称	TxtInCount
命令按钮	CommandButton1	名称	cmdOk
		Caption	确定
		BackColor	绿色
		ForeColor	白色
	CommandButton2	名称	cmdQuit
		Caption	退出
		BackColor	红色
		ForeColor	白色
复合框	Combox1	名称	CombInClass
	Combox2	名称	CombInDepart
	Combox3	名称	CombInWHNum
	Combox4	名称	CombInType
	Combox5	名称	CombInUnit

③ 入库窗体代码如下所示。

```
Dim MyRow As Long
Private Sub cmdCancel_Click()
    Unload Me
End Sub
Private Sub cmdOk_Click()                    '确认入库信息,并将入库信息存入"入库明细表"
    Dim YesNo As Integer
    Dim I As Integer, X As Long
    YesNo = MsgBox("仔细检查确认输入吗?", vbYesNo)
    If YesNo = vbNo Then Exit Sub
    MyRow = Application.WorkSheetFunction.CountA(Sheets("入库明细表").Range("A:A")) + 1
    With Sheets("入库明细表")
        .Cells(MyRow, 1) = TxtCode.Text
        .Cells(MyRow, 2) = CombInDepart.Text
        .Cells(MyRow, 3) = txtInSheetNum.Text
        .Cells(MyRow, 4) = txtInName.Text
        .Cells(MyRow, 5) = Val(txtInCount.Text)
        .Cells(MyRow, 6) = CombInUnit.Text
        .Cells(MyRow, 7) = CombInType.Text
        .Cells(MyRow, 8) = CombInClass.Text
        .Cells(MyRow, 9) = CombInWHNum.Text
        .Cells(MyRow, 10) = txtInDate.Text
        .Cells(MyRow, 11) = Month(.Cells(MyRow, 10))
```

```
            X = Application.WorkSheetFunction.CountA(Sheets("代码表").Range("A:A"))
            For I = 1 To X
                If Sheets("代码表").Cells(I, 2) = TxtCode.Text Then Exit For
            Next I
            .Cells(MyRow, 12) = txtInCount.Text * Sheets("代码表").Cells(I, 5)
            MsgBox "保存完成!!!"
        End With
        TxtCode.Text = ""
        CombInDepart.Text = ""
        txtInSheetNum.Text = ""
        txtInName.Text = ""
        txtInCount.Text = ""
        CombInType.Text = ""
        txtInDate.Text = ""
        CombInType.Text = ""
        CombInClass.Text = ""
        CombInWHNum.Text = ""
        txtInSheetNum.SetFocus
End Sub
Private Sub CombInClass_Change()       '选择仓库类别后,自动添加库区设置
    CombInWHNum.Clear
    If Mid(CombInClass.Text, 1, 2) = "轿车" Then
        Call AddRowData(frmIn.CombInWHNum, "库区设置表", 2)
    Else
        Call AddRowData(frmIn.CombInWHNum, "库区设置表", 3)
    End If
End Sub
Private Sub UserForm_Activate()        '当窗体打开后,将相关信息加载到复合框中
    With frmIn.CombInDepart
        .AddItem "采购部"
        .AddItem "仓储部"
        .AddItem "后勤部"
        .AddItem "其他"
    End With
    With frmIn.CombInType
        .AddItem "采购"
        .AddItem "调拨"
        .AddItem "盘盈"
    End With
    With frmIn.CombInUnit
        .AddItem "件"
        .AddItem "个"
        .AddItem "箱"
    End With
    Call AddRowData(frmIn.CombInClass, "库区设置表", 1)
End Sub
Private Sub UserForm_Initialize()    '窗体初始化设置
    Me.Width = Application.Width + 5
    Me.Height = Application.Height + 5
```

```
            Me.Top = 0
            Me.Left = 0
End Sub
```

（4）设置出库窗体。在 VBA 编辑器中，执行菜单命令"插入"→"用户窗体"，添加出库窗体，如图 17-8 所示，并在其中通过菜单命令"视图"→"工具箱"添加需要的对象。

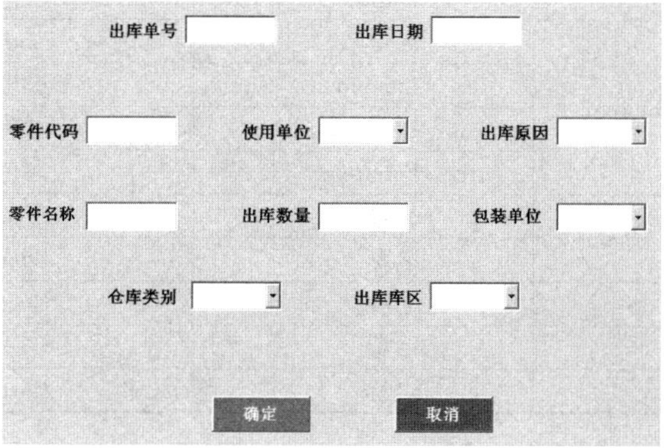

图 17-8　出库窗体

① 窗体界面设计。

② 设置对象属性。如图 17-8 所示，出库窗体中包含了标签、文字框、命令按钮、复合框等对象，各对象的属性设置如表 17-4 所示。

表 17-4　对象属性设置

对　　象		属　　性	属　性　值
窗体		名称	frmOut
		Caption	入库操作
		BackColor	浅蓝色
标签	Label1	Caption	出库单号
	Label2	Caption	出库日期
	Label3	Caption	零件代码
	Label4	Caption	使用单位
	Label5	Caption	出库原因
	Label6	Caption	零件名称
	Label7	Caption	零件数量
	Label8	Caption	包装单位
	Label9	Caption	库区类别
	Label10	Caption	出库库区
文字框	TXTText1	名称	txtInSheetNum
	TXTText2	名称	TxtInDate
	TXTText3	名称	TxtInCode
	TXTText4	名称	txtInName
	TXTText5	名称	TxtInCount

续表

对象		属性	属性值
命令按钮	CommandButton1	名称	cmdOk
		Caption	确定
		BackColor	绿色
		ForeColor	白色
	CommandButton2	名称	cmdCancel
		Caption	退出
		BackColor	红色
		ForeColor	白色
复合框	Combox1	名称	CombOutDepart
	Combox2	名称	CombOutWhy
	Combox3	名称	CombOutUnit
	Combox4	名称	CombOutClass
	Combox5	名称	CombOutWHNum

③ 出库窗体代码如下所示。

```
Dim MyRow As Long
Private Sub cmdCancel_Click()
    Unload Me
End Sub

Private Sub cmdOk_Click()                                    '将数据写入出库明细表中
    Dim MyRow As Long
    Dim I As Integer, X As Long
    MyRow = Application.WorkSheetFunction.CountA(Sheets("出库明细表").Range("A:A")) + 1
    With Sheets("出库明细表")
        .Cells(MyRow, 1) = txtOutCode.Text
        .Cells(MyRow, 2) = CombOutDepart.Text
        .Cells(MyRow, 3) = txtOutSheetNum.Text
        .Cells(MyRow, 4) = txtOutName.Text
        .Cells(MyRow, 5) = CombOutUnit.Text
        .Cells(MyRow, 6) = Val(txtOutCount.Text)
        .Cells(MyRow, 7) = CombOutWhy.Text
        .Cells(MyRow, 8) = CombOutClass.Text
        .Cells(MyRow, 9) = CombOutWHNum.Text
        .Cells(MyRow, 10) = txtOutDate.Text
        .Cells(MyRow, 11) = Month(.Cells(MyRow, 10))   '提取月份
        X = Application.WorkSheetFunction.CountA(Sheets("代码表").Range("A:A"))
        For I = 1 To X
            If Sheets("代码表").Cells(I, 2) = TxtCode.Text Then Exit For
        Next I
        .Cells(MyRow, 12) = txtInCount.Text * Sheets("代码表").Cells(I, 5)
    End With
    txtOutCode.Text = ""
    txtOutSheetNum.Text = ""
    CombOutDepart.Text = ""
```

```
            txtOutCount.Text = ""
            txtOutDate.Text = ""
            txtOutName.Text = ""
            CombOutWhy.Text = ""
            CombOutClass.Text = ""
            CombOutWHNum.Text = ""
            txtOutDate.Text = ""
            txtOutSheetNum.SetFocus                          '输入焦点定位在出库单号
        End Sub
        Private Sub UserForm_Activate()                      '为复合框添加数据
            With frmOut.CombOutDepart
                .AddItem "采购部"
                .AddItem "物管部"
                .AddItem "办公室"
                .AddItem "其他"
            End With
            With frmOut.CombOutWhy
                .AddItem "销售"
                .AddItem "调拨"
                .AddItem "盘亏"
                .AddItem "配送"
                .AddItem "其他"
            End With
            With frmOut.CombOutUnit
                .AddItem "件"
                .AddItem "个"
                .AddItem "箱"
            End With
            Call AddRowData(frmOut.CombOutClass, "库区设置表", 1)
        End Sub
        Private Sub UserForm_Initialize()                    '窗体初始化
            Me.Width = Application.Width + 5
            Me.Height = Application.Height + 5
            Me.Top = 0
            Me.Left = 0
        End Sub

        Private Sub CombOutClass_Change()
            CombOutWHNum.Clear
            If Mid(CombOutClass.Text, 1, 2) = "轿车" Then
                Call AddRowData(frmOut.CombOutWHNum, "库区设置表", 2)
            Else
                Call AddRowData(frmOut.CombOutWHNum, "库区设置表", 3)
            End If
        End Sub
```

（5）设置物料代码窗体。在 VBA 编辑器中，执行菜单命令"插入"→"用户窗体"，添加物料代码窗体，如图 17-9 所示，并在其中通过菜单命令"视图"→"工具箱"添加需要的对象。

① 窗体界面设计。

② 设置对象属性。如图 17-9 所示，物料代码窗体中包含了标签、文字框、命令按钮、复合框等对象，各对象的属性设置如表 17-5 所示。

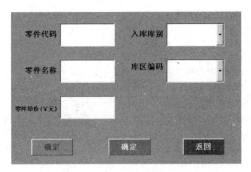

图 17-9 物料代码窗体

表 17-5 对象属性设置

对 象		属 性	属 性 值
窗体		名称	frmCode
		Caption	基础物料维护
		BackColor	浅灰色
标签	Label1	Caption	零件代码
	Label2	Caption	零件名称
	Label3	Caption	零件单价(¥元)
	Label4	Caption	入库库别
	Label5	Caption	库区编码
文字框	TXTText1	名称	txtCode
	TXTText2	名称	txtName
	TXTText3	名称	txtPrice
命令按钮	CommandButton1	名称	cmdOk
		Caption	确定
		BackColor	绿色
		ForeColor	白色
	CommandButton2	名称	cmdCancel
		Caption	退出
		BackColor	红色
		ForeColor	白色
	CommandButton3	名称	cmdCodeCheck
		Caption	代码检查
		BackColor	黄色
		ForeColor	红色
复合框	Combox1	名称	CombCodeClass
	Combox2	名称	CombCodeWHNum

③ 物料代码窗体代码如下所示。

```
Private Sub cmdCodeCheck_Click()
    Dim MyRow As Long
    MyRow = Sheets("代码表").Columns(1).Find(txtCode.Text, , , xlWhole).Row
```

```
            If MyRow <> 0 Then
                MsgBox "该物料代码已经存在,请处理"
                Exit Sub
            Else
                MsgBox "可以添加物料信息"
            End If
        End Sub
        Private Sub cmdOk_Click()
            Dim MyRow As Long
            Dim YN As Integer
            YN = MsgBox("确认以上信息吗", vbYesNo, "添加物料基础信息")
            If yh = vbNo Then Exit Sub
            Sheets("代码表").Activate
            If txtCode.Text = "" Or CombCodeClass.Text = "" Or CombCodeWHNum.Text =
"" Or txtName.Text = "" Or txtPrice.Text = "" Then Exit Sub
            MyRow = Application.WorkSheetFunction.CountA(Range("B:B")) + 1
            Sheets("Sheet2").Cells(MyRow, 1) = txtCode.Text
            Sheets("代码表").Cells(MyRow, 2) = txtName.Text
            Sheets("代码表").Cells(MyRow, 3) = Val(txtPrice.Text)
            Sheets("代码表").Cells(MyRow, 4) = CombCodeClass.Text
            Sheets("代码表").Cells(MyRow, 5) = CombCodeWHNum.Text
            MsgBox "代码添加完成!"
            txtName.Text = ""
            txtCode.Text = ""
            CombCodeClass.Text = ""
            CombCodeWHNum.Text = ""
            txtPrice.Text = ""
            txtCode.SetFocus
        End Sub
        Private Sub cmdQuit_Click()
            Application.ScreenUpdating = False            '关闭屏幕刷新(可以提高运行速度)
            Unload Me
        End Sub

        Private Sub UserForm_Activate()                   '为复合框添加数据
            CombCodeClass.Clear
            Call AddRowData(frmCode.CombCodeClass, "库区设置表", 1)
        End Sub
        Private Sub CombCodeClass_Change()
            CombCodeWHNum.Clear
            If Mid(CombCodeClass.Text, 1, 2) = "轿车" Then
                Call AddRowData(frmCode.CombCodeWHNum, "库区设置表", 2)
            Else
                Call AddRowData(frmCode.CombCodeWHNum, "库区设置表", 3)
            End If
        End Sub
```

4. 设计工作表

在仓库管理系统中共有 11 个工作表。各工作表名称及功能如表 17-6 所示。

表 17-6　工作表名称及功能

序号	工作表名称	功　　能
1	主界面	负责系统功能操作设置
2	入库明细表	存放物料入库数据
3	出库明细表	存放物料出库数据
4	当月入库汇总	存放当月入库数据汇总信息
5	当月出库汇总	存放当月出库数据汇总信息
6	累计入库汇总表	存放所有入库数据汇总信息
7	累计出库汇总表	存放所有出库数据汇总信息
8	库存表	统计物料出入库后剩余库存信息
9	库区设置表	设置库区类别以及库区设置信息
10	登录用户设置	对登录用户进行维护
11	代码表	基础物料信息存放

（1）设置"主界面"工作表，步骤如下。

① 工作表设置。工作表主界面的设计如图 17-2 所示，为了防止布局设置后的工作表被误操作，可以将其设置工作表保护的模式，保护密码为"123"。

工作表中各菜单项通过插入自选图形中"圆角矩形"设置。右击圆角矩形，在弹出的快捷菜单中选择"设置形状格式"，弹出对话框，然后选择"三维格式"→"棱台"→"顶端"→"圆"，单击"确定"按钮后设置完成。

为各菜单项添加题目并将字体设置为"华文彩云"白色字。

② 设置对象及属性。各个对象对应的宏代码设置如表 17-7 所示。

表 17-7　对象宏设置

对　象	文　字	宏	说　　明
圆角矩形	入库记账	UseInAccounting	启动入库窗体
	出库记账	UseOutAccounting	启动出库窗体
	当月入库汇总	UseMonthInTotal	通过入库明细表汇总数据
	当月出库汇总	UseMonthOutTotal	通过出库明细表汇总数据
	入库明细表	UseInDetailed	通过入库窗体写入数据
	出库明细表	UseOutDetailed	通过出库窗体写入数据
	累计入库汇总	UseInTotal	通过入库明细表汇总数据
	累计出库汇总	UseOutTotal	通过出库明细表汇总数据
	用户设置	UseLogin	用户维护
	查询库存	UseLookUp	通过入库明细表和出库明细表查询库存数据
	物料维护	UseCode	对物料基础信息进行处理
	退出	UseCLOSE	退出系统

③ 在 VBA 编辑器中，双击"主界面"工作表，添加如下代码。

```
Sub UseCode()
    Sheets("代码表").Visible = -1
    Sheets("代码表").Activate
```

```
        Call ProtectWorkSheet
        Sheets("主界面").Visible = 2
End Sub
Sub UseInAccounting()
        Sheets("主界面").Visible = 2
        frmIn.Show
        Sheets("主界面").Visible = -1
        Sheets("主界面").Activate
End Sub
Sub UseOutAccounting()
        Sheets("主界面").Visible = 2
        frmOut.Show
        Sheets("主界面").Visible = -1
        Sheets("主界面").Activate
End Sub
Sub UseInDetailed()
        Call ProtectWorkSheet
        Sheets("入库明细表").Visible = -1
        Sheets("入库明细表").Activate
        Sheets("主界面").Visible = 2
End Sub
Sub UseOutDetailed()
        Call ProtectWorkSheet
        Sheets("出库明细表").Visible = -1
        Sheets("出库明细表").Activate
        Sheets("主界面").Visible = 2
End Sub
Sub UseMonthInTotal()
        Call ProtectWorkSheet
        Sheets("当月入库汇总").Visible = -1
        Sheets("当月入库汇总").Activate
        Sheets("主界面").Visible = 2
End Sub
Sub UseMonthOutTotal()
        Call ProtectWorkSheet
        Sheets("当月出库汇总").Visible = -1
        Sheets("当月出库汇总").Activate
        Sheets("主界面").Visible = 2
End Sub
Sub UseInTotal()
        Call ProtectWorkSheet
        Sheets("累计入库汇总表").Visible = -1
        Sheets("累计入库汇总表").Activate
        Sheets("主界面").Visible = 2
End Sub
Sub UseOutTotal()
        Call ProtectWorkSheet
        Sheets("累计出库汇总表").Visible = -1
        Sheets("累计出库汇总表").Activate
```

```
        Sheets("主界面").Visible = 2
    End Sub
    Sub UseLookUp()
        Call ProtectWorkSheet
        Sheets("库存表").Visible = -1
        Sheets("库存表").Activate
        Sheets("主界面").Visible = 2
    End Sub
    Sub UseClose()
        ActiveWorkbook.Save
        Application.DisplayAlerts = False
        Application.Quit
    End Sub
    Sub UseLogin()
        Call ProtectWorkSheet
        Sheets("登录用户设置").Visible = -1
        Sheets("登录用户设置").Activate
        Sheets("主界面").Visible = 2
    End Sub
```

(2) 设置"入库明细表"工作表,步骤如下。

① 插入工作表,将其命名为"入库明细表"。

② 设置工作表表头,如图 17-10 所示,字体为"华文楷体",字号 11。

零件代码	入库部门	单据号	零件名称	入库数量	包装单位	零件原因	入库库到	库区类别	入库时间	月份	资金	
01M 321 359	仓储部	8231	变速箱油底壳	11	件	采购	大众一厂库区	捷达	2021-1-1	2	¥6 389.02	返回
L059 919 501 A	仓储部	8232	温度开关	16	件	采购	大众一厂库区	捷达	2021-1-2	2	¥1 682.72	
357 199 381 C	仓储部	8233	变速箱悬置	9	件	采购	大众一厂库区	捷达	2021-1-3	2	¥748.08	
L020 945 415 A	仓储部	8234	倒车开关	26	件	采购	大众一厂库区	捷达	2021-1-4	2	¥2 161.12	
L06B 905 106 A	采购部	8235	点火线圈	33	件	采购	大众一厂库区	捷达	2021-1-4	1	¥3 470.61	
L050 121 113 C	仓储部	8236	节温器	1	件	采购	大众一厂库区	捷达	2021-1-5	2	¥21.48	
L051 103 483 A	采购部	8237	密封垫 2V	33	件	采购	大众一厂库区	捷达	2021-1-5	1	¥3 470.61	
L06A 103 171 C	仓储部	8238	曲轴后密封法兰	5	件	采购	大众一厂库区	捷达	2021-1-6	2	¥525.85	
L06A 103 598 A	采购部	8239	油底壳	33	件	采购	大众一厂库区	捷达	2021-1-6	1	¥3 470.61	
L06A 103 609 C	仓储部	8240	油底壳密封垫	20	件	采购	大众一厂库区	捷达	2021-1-7	2	¥2 103.40	
L06A 109 119 J	采购部	8241	正时齿带 2V	33	件	采购	大众一厂库区	捷达	2021-1-7	1	¥3 470.61	
L06A 115 561 D	仓储部	8242	机油滤清器	37	件	采购	大众一厂库区	捷达	2021-1-8	2	¥3 891.29	
L06A 121 011 Q	采购部	8243	水泵总成	33	件	采购	大众一厂库区	捷达	2021-1-8	1	¥3 470.61	
L06A 141 032 A	仓储部	8244	离合器摩擦片	30	件	采购	大众一厂库区	捷达	2021-1-9	2	¥3 155.10	

图 17-10　入库明细表

③ 在工作表的右侧添加自选三维圆角矩形,作为返回主界面操作的命令按钮。指定的宏是开发工具"模块 1"中的宏 ReturnToMain(),其他工作表中如果用到该"返回"按钮,复制、粘贴即可。

④ 将光标定位在单元格 M2,执行菜单命令"视图"→"窗口"→"冻结窗格"→"冻结首行",上、下移动表中数据时,顶部标题始终保留。

(3) 设置"出库明细表"工作表,步骤如下。

① 插入工作表,将其命名为"出库明细表"。

② 设置工作表表头,如图 17-11 所示,字体为"华文楷体",字号 11。

③ 在工作表的右侧添加自选三维圆角矩形,作为返回主界面操作的命令按钮。指定的宏是开发工具"模块 1"中的宏 ReturnToMain( )。

任务十七　仓储信息管理系统综合应用

	A	B	C	D	E	F	G	H	I	J	K	L	M
1	零件代码	使用单位	单据号	零件名称	包装单位	出库数量	出库原因	出库库到	出库库区	出库时间	月份	资金	返回
2	01M 321 359	采购部	3561	变速箱油底壳	件	2	配送	大众一厂库区	捷达	2021-1-2	1	￥1 161.64	
3	L059 919 501 A	采购部	3562	温度开关	件	2	配送	大众一厂库区	捷达	2021-1-3	1	￥210.34	
4	357 199 381 C	采购部	3563	变速箱悬置	件	1	配送	大众一厂库区	捷达	2021-1-4	1	￥83.12	
5	L020 945 415 A	采购部	3564	倒车开关	件	3	配送	大众一厂库区	捷达	2021-1-5	1	￥249.36	
6	L06B 905 106 A	采购部	3565	点火线圈	件	1	配送	大众一厂库区	捷达	2021-1-6	1	￥105.17	
7	L050 121 113 C	采购部	3566	节温器	件	10	配送	大众一厂库区	捷达	2021-1-7	1	￥214.80	
8	L051 103 483 A	采购部	3567	密封垫 2V	件	3	配送	大众一厂库区	捷达	2021-1-8	1	￥315.51	
9	L06A 103 171 C	采购部	3568	曲轴后密封法兰	件	1	配送	大众一厂库区	捷达	2021-1-9	1	￥105.17	
10	L06A 103 598 A	采购部	3569	油底壳	件	6	配送	大众一厂库区	捷达	2021-1-10	1	￥631.02	
11	L06A 103 609 A	采购部	3570	油底壳密封垫	件	1	配送	大众一厂库区	捷达	2021-1-11	1	￥105.17	
12	L06A 109 119 J	采购部	3571	正时齿带 2V	件	1	配送	大众一厂库区	捷达	2021-1-12	1	￥105.17	
13	L06A 115 561 D	采购部	3572	机油滤清器	件	1	配送	大众一厂库区	捷达	2021-1-13	1	￥105.17	
14	L06A 121 011 Q	采购部	3573	水泵总成	件	1	配送	大众一厂库区	捷达	2021-1-14	1	￥105.17	
15	L06A 141 032 A	采购部	3574	离合器摩擦片	件	20	配送	大众一厂库区	捷达	2021-1-15	1	￥2 103.40	

图 17-11　出库明细表

④ 将光标定位在单元格 M2,执行菜单命令"视图"→"窗口"→"冻结窗格"→"冻结首行",上、下移动表中数据时,顶部标题始终保留。

(4) 设置"登录用户设置"工作表,步骤如下。

① 插入工作表,将其命名为"登录用户设置"。

② 设置工作表,如图 17-12 所示,字体为"宋体",五字号。

	A	B	C	D	E
1	操作员	密码			
2	石佳楠	123		返回	
3	许佳	456			
4	张健	789			
5					
6				单击后进行用户维护	
7					
8					

图 17-12　登录用户设置

③ 在工作表的右侧添加自选三维圆角矩形,将其设置为"返回"按钮,作为返回主界面操作的命令按钮。指定的宏是模块 1 中的宏 ReturnToMain( )。

④ 在工作表的右侧添加自选三维圆角矩形,设置为"单击后进行用户维护"按钮类型,作为用户维护用户名称和密码解锁操作的命令按钮。指定的宏是模块 1 中的宏 UnProtectWorkSheet( )。

(5) 设置"当月入库汇总"工作表,步骤如下。

① 插入工作表,将其命名为"当月入库汇总"。

② 设置工作表表头。在该表中,表头分两部分:一是汇总"入库明细表"本月的数据;二是依据汇总的本月零部件数据生成"数据透视表"。第一部分设置如图 17-13 所示,字体为"华文楷体",字号 11。第二部分设置如图 17-14 所示。

③ 在图 17-13 单元格 O2 中输入公式"=SUMIFS(入库明细表! E:E,入库明细表! A:A,"="& 当月入库汇总! M2,入库明细表! K:K,"="& 当月入库汇总! $E$1)",并向下拖动填充到 O60。

④ 在图 17-13 单元格 R2 中输入公式"=O2 * VLOOKUP($M2,代码表! A:C,3)",并向下拖动填充到 R60。

Excel 在物流企业的应用（第二版）

	M	N	O	P	Q	R
1	零件代码	零件名称	入库量汇总	入库库别	库区类别	资金
2	01M 321 359	变速箱油底壳	0	轿车一厂库	捷达	0
3	L059 919 501	机油滤清器总成	0	轿车二厂库	马自达	0
4	357 199 381 C	刹车踏板开关	0	轿车二厂库	奔腾	0
5	L020 945 415	刹车踏板开关	0	轿车二厂库	奔腾	0
6	L06B 905 106	机油滤清器总成	33	轿车一厂库	马自达	3 470.61
7	L050 121 113	节温器	11	轿车一厂库	奔腾	236.28
8	L051 103 483	机油滤清器总成	33	轿车一厂库	马自达	3 470.61
9	L06A 103 171	机油滤清器总成	0	轿车一厂库	马自达	0
10	L06A 103 598	机油滤清器总成	33	轿车一厂库	马自达	3 470.61

图 17-13　当月入库数据汇总

	A	B	C	D	E	F	G	H
1			当前日期是	2016年1月19日	下面显示的是	1	月的入库数据	
2								
3				刷新		返回		
4	零件名称	(全部)						
5								
6	求和项:入库量汇	入库库别	库区类别					
7		(空白)	⊟轿车一厂库	⊟轿车一厂库	⊟轿车二厂库	轿车二厂库	⊟大众一厂库区	大众一厂库区
8	零件代码	(空白)	捷达	马自达	马自达	奔腾	宝来	迈腾
9		0						
10	(空白)							
11	01M 321 359			0				
12	L059 919 501 A				0	0		
13	357 199 381 C						0	
14	L020 945 415 A						0	
15	L06B 905 106 A			66				
16	L050 121 113 C						22	
17	L051 103 483 A			33				
18	L06A 103 171 C			0				
19	L06A 103 598 A			33				
20	L06A 103 609 C			0				

图 17-14　当月入库数据汇总透视表

⑤ 在图 17-14 单元格 B1:F1 中分别输入相应数据。单元格 C1 输入公式"=TODAY()"，显示操作日的日期。单元格 E1 输入公式"=MONTH(C1)"，获取当前的月份。

⑥ 在图 17-14 中添加自选三维圆角矩形设置为"返回"按钮。指定的宏是开发工具"模块 1"中的宏 ReturnToMain()。

⑦ 在图 17-14 中添加自选三维圆角矩形设置为"刷新"按钮。指定的宏是本表中的宏 ReDoInTotal()，用来填充 M 列单元格中的物料代码。

⑧ 在单元格 A6 开始的位置，以数据区域 M:R 生成数据透视表，格式如图 17-14 所示。

⑨ 将光标定位在单元格 I9，执行菜单命令"视图"→"窗口"→"冻结窗格"→"冻结拆分窗格"，上、下移动表中数据时标题始终保留在顶部。

⑩ 在工作表的代码窗口添加如下代码。

```
Public Sub ReDoInTotal()
    Dim I As Long
    MyRow = Application.WorkSheetFunction.CountA(Sheets("代码表").Range("A:A"))
    For I = 2 To MyRow
        Sheets("当月入库汇总").Cells(I, 13) = Sheets("代码表").Cells(I, 1)
```

```
        Sheets("当月入库汇总").Cells(I, 14) = Sheets("代码表").Cells(I, 2)
        Sheets("当月入库汇总").Cells(I, 16) = Sheets("代码表").Cells(I, 4)
        Sheets("当月入库汇总").Cells(I, 17) = Sheets("代码表").Cells(I, 5)
    Next I
End Sub
```

(6) 设置“当月出库汇总”工作表,步骤如下。

① 插入工作表,将其命名为“当月出库汇总”。

② 设置工作表表头。在该表中表头分为两部分:一是汇总“出库明细表”本月的数据,二是依据汇总的本月零部件数据生成“数据透视表”。第一部分设置如图 17-15 所示,字体为“华文楷体”,字号 11;第二部分如图 17-16 所示。

M	N	O	P	Q	R
零件代码	零件名称	出库量汇总	出库库别	库区类别	出库资金
01M 321 35	变速箱油底壳	2	大众一厂库区	捷达	1 161.64
L059 919 5	温度开关	22	大众一厂库区	捷达	2 313.74
357 199 38	变速箱悬置	1	大众一厂库区	捷达	83.12
L020 945 4	倒车开关	3	大众一厂库区	捷达	249.36
L06B 905 1	点火线圈	2	大众一厂库区	捷达	210.34
L050 121 1	节温器	11	大众一厂库区	捷达	236.28
L051 103 4	密封垫 2V	3	大众一厂库区	捷达	315.51
L06A 103 1	曲轴后密封法兰	1	大众一厂库区	捷达	105.17
L06A 103 5	油底壳	6	大众一厂库区	捷达	631.02

图 17-15 当月出库数据汇总

③ 在图 17-15 单元格 O2 中输入公式“=SUMIFS(入库明细表! E:E,入库明细表! A:A,"="& 当月入库汇总! M2,入库明细表! K:K,"="& 当月入库汇总! $E$1)”,并向下拖动填充到 O60。

④ 在图 17-15 单元格 R2 中输入公式“=O2 * VLOOKUP(M2,代码表! A:C,3)”,并向下拖动填充到 R60。

⑤ 在图 17-16 中设置单元格 B1:F1。单元格 C1 输入公式“=TODAY()”,显示操作日的日期。单元格 E1 输入公式“=MONTH(C1)”,获取当前的月份。

	A	B	C	D	E	F	G	H	I	J
1		当前日期是	2016年1月19日	下面	1	月的出库数据				
2										
3	零件名称	(全部)						刷新	返回	
4										
5	求和项:出库量汇总	列标签								
6		⊟(空白)	⊟大众一厂库区				⊟大众二厂	⊟轿车二厂库区	⊟轿车一厂库区	总计
7	行标签	(空白)	捷达	宝来	速腾	迈腾	奥迪	奔腾	马自达	
8	(空白)									
9	01M 321 359		2							2
10	L059 919 501 A		22	22						44
11	357 199 381 C		1							1
12	L020 945 415 A		3							3
13	L06B 905 106 A		2					2		4
14	L050 121 113 C		11					11		22
15	L051 103 483 A		3							3

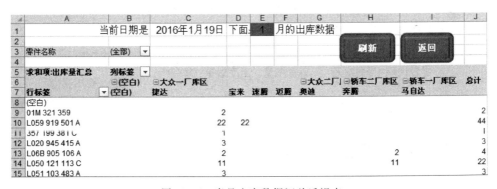

图 17-16 当月出库数据汇总透视表

⑥ 在图 17-16 中添加自选三维圆角矩形设置为“返回”按钮。指定的宏是开发工具“模块 1”中的宏 ReturnToMain()。

⑦ 在图 17-16 中添加自选三维圆角矩形设置为“刷新”按钮。指定的宏是本表中的

宏 ReDoInTotal( ),填充 M 列单元格中的物料代码。

⑧ 在单元格 A6 开始的位置以数据区域 M:R 生成数据透视表,格式如图 17-16 所示。

⑨ 将光标定位在单元格 K8,执行菜单"视图"→"窗口"→"冻结窗格"→"冻结拆分窗格",上、下移动表中数据时标题始终保留在顶部。

⑩ 在工作表的代码窗口添加如下代码。

```
Public Sub ReDoOutTotal()
    Dim I As Long, Code As Long
    MyRow = Application.WorkSheetFunction.CountA(Sheets("代码表").Range("A:A"))
    For I = 2 To MyRow
        Sheets("当月出库汇总").Cells(I, 13) = Sheets("代码表").Cells(I, 1)
        Sheets("当月出库汇总").Cells(I, 14) = Sheets("代码表").Cells(I, 2)
        Sheets("当月出库汇总").Cells(I, 16) = Sheets("代码表").Cells(I, 4)
        Sheets("当月出库汇总").Cells(I, 17) = Sheets("代码表").Cells(I, 5)
    Next I
End Sub
```

(7)设置"库区设置表"工作表。库区设置表用来设置物流存放的仓库类别和库区,如图 17-17 所示。

	A	B	C
1	仓库类别	轿车库区设置	大众库区设置
2	轿车一厂库	红旗	捷达
3	轿车二厂库	马自达	速腾
4	大众一厂库	欧明	迈腾
5	大众二厂库	奔腾	奥迪
6			开迪
7			C C
8			宝来

图 17-17 库区设置表

(8)设置"库存表"工作表,步骤如下。

① 插入工作表,将其命名为"库存表"。本表内不需要手工填写物料信息。

② 设置工作表表头,如图 17-18 所示,字体为"黑体",字号 14。

	A	B	C	D	E	F	G	H
1	零件代码	零件名称	入库数量	出库数量	库存			
2	01M 321 359	变速箱油底壳	11	2	9		返回	
3	L059 919 501 A	温度开关	24	22	2			
4	357 199 381 C	变速箱悬置	9	1	8			
5	L020 945 415 A	倒车开关	26	3	23			
6	L06B 905 106 A	点火线圈	36	2	34		刷新库存	
7	L050 121 113 C	节温器	12	11	1			
8	L051 103 483 A	密封垫 2V	33	3	30			
9	L06A 103 171 C	曲轴后密封法兰	5	1	4			
10	L06A 103 598 C	油底壳	33	6	27			
11	L06A 103 609 C	油底壳密封垫	20	1	19			
12	L06A 109 119 J	正时齿带 2V	33	1	32			
13	L06A 115 561 D	机油滤清器	37	1	36			
14	L06A 121 011 Q	水泵总成	33	1	32			
15	L06A 141 032 A	离合器摩擦片	30	20	10			

图 17-18 库存表

③ 在单元格 C2 输入公式"=SUMIF(入库明细表!﹩A:﹩A,库存表!A2,入库明细

表！\$E：\$E)",统计零件入库的总数,并向下填充。

④ 在单元格 D2 输入公式"＝SUMIF(出库明细表！\$A：\$A,库存表！A2,出库明细表！\$F：\$F))",统计零件出库的总数量,并向下填充。

⑤ 在单元格 E2 输入公式"＝C2－D2",统计零件出库的总数量,并向下填充。

⑥ 在图 17-18 中添加自选三维圆角矩形,设置为"返回"按钮。指定的宏是开发工具"模块 1"中的宏 ReturnToMain( )。

⑦ 在图 17-18 中添加自选三维圆角矩形,设置为"刷新库存"按钮。指定的宏是本表中的宏 ReDoStock( ),用来填充 A 列单元格中的物料代码。

⑧ 将光标定位在单元格 F2,执行菜单命令"视图"→"窗口"→"冻结窗格"→"冻结拆分窗格",上、下移动表中数据时标题始终保留在顶部。

⑨ 在工作表的代码窗口添加如下代码。

```
Public Sub ReDoStock()
    Dim I As Long
    MyRow = Application.WorkSheetFunction.CountA(Sheets("代码表").Range("A:A"))
    For I = 2 To MyRow
        Sheets("库存表").Cells(I, 1) = Sheets("代码表").Cells(I, 1)
        Sheets("库存表").Cells(I, 2) = Sheets("代码表").Cells(I, 2)
    Next I
End Sub
```

(9) 设置"代码表"工作表,步骤如下。

① 插入工作表,将其命名为"代码表",本表内需要手工填写物料信息。

② 设置工作表表头,如图 17-19 所示,字体为"楷体",字号 11。

	A	B	C	D	E	F	G	H	I
1	零件代码	零件名称	单价(元)	入库库别	库区设置	上年库存(数量:件)	上年库存(金额:元)	返回	
2	01M 321 359	变速箱油底壳	¥580.82	大众一厂库区	捷达	800.00	464 656.00		
3	L059 919 501 E	温度开关	¥113.72	大众一厂库区	捷达	5 850.00	665 262.00		
4	357 199 381 C	变速箱悬置	¥369.19	大众一厂库区	捷达	4.00	1 476.76	增加代码	
5	L020 945 415 A	倒车开关	¥16.54	大众一厂库区	捷达	1.00	16.54		
6	L06B 905 106 A	点火线圈	¥380.98	大众一厂库区	捷达	1.00	380.98		
7	L050 121 113 C	节温器	¥21.48	大众一厂库区	捷达	7.00	150.36		
8	L051 103 483 A	密封垫 2V	¥49.08	大众一厂库区	捷达	7.00	343.56		
9	L06A 103 171 A	曲轴后密封法兰	¥70.40	大众一厂库区	捷达	1.00	70.40		
10	L06A 103 598 A	油底壳	¥88.45	大众一厂库区	捷达	2.00	176.90		
11	L06A 103 609 C	油底壳密封垫	¥80.81	大众一厂库区	捷达	9.00	727.29		
12	L06A 109 119 J	正时齿带 2V	¥129.96	大众一厂库区	捷达	3.00	389.88		
13	L06A 115 561 D	机油滤清器	¥25.02	大众一厂库区	捷达	15.00	375.30		
14	L06A 121 011 Q	水泵总成	¥360.00	大众一厂库区	捷达	16.00	5 760.00		
15	L06A 141 032 A	离合器摩擦片	¥249.61	大众一厂库区	捷达	3.00	748.83		

图 17-19 代码表

③ 在图 17-19 中添加自选三维圆角矩形,设置为"返回"按钮。指定的宏是开发工具"模块 1"中的宏 ReturnToMain( )。

④ 在图 17-19 中添加自选三维圆角矩形,设置为"增加"按钮。指定的宏是本表中的宏 AddCode( ),用来打开增加物料代码窗体。

⑤ 将光标定位在单元格 H2,执行菜单命令"视图"→"窗口"→"冻结窗格"→"冻结

拆分窗格",上、下移动表中数据时标题始终保留在顶部。

⑥ 在工作表的代码窗口添加如下代码。

```
Public Sub AddCode()
    frmCode.Show
End Sub
```

(10) 设置"累计入库汇总表"工作表,步骤如下。

① 插入工作表,将其命名为"累计入库汇总表",本表内不需要手工填写物料信息。

② 以入库明细表为数据源,建立所有入库汇总数据的数据透视表,如图 17-20 所示。

图 17-20　累计入库汇总表

③ 在图 17-20 中添加自选三维圆角矩形,设置为"返回"按钮。指定的宏是开发工具"模块 1"中的宏 ReturnToMain( )。

④ 在图 17-20 中添加自选三维圆角矩形,设置为"选择先单击这里"按钮。指定的宏是本表中的宏 UnProtectWorkSheet( ),用来打开窗体保护,提供各项数据汇总显示的选择操作。

⑤ 将光标定位在单元格 C9,执行菜单命令"视图"→"窗口"→"冻结窗格"→"冻结拆分窗格",上、下移动表中数据时标题始终保留在顶部。

(11) 设置"累计出库汇总表"工作表,步骤如下。

① 插入工作表,将其命名为"累计出库汇总表",本表内不需要手工填写物料信息。

② 以出库明细表为数据源,建立所有出库汇总数据的数据透视表,如图 17-21 所示。

③ 在图 17-21 中添加自选三维圆角矩形,设置为"返回"按钮。指定的宏是开发工具"模块 1"中的宏 ReturnToMain( )。

④ 在图 17-21 中添加自选三维圆角矩形,设置为"选择先单击这里"按钮。指定的宏是本表中的宏 UnProtectWorkSheet( ),用来打开窗体保护,提供各项数据汇总显示的选择操作。

⑤ 将光标定位在单元格 C8,执行菜单命令"视图"→"窗口"→"冻结窗格"→"冻结

拆分窗格",上、下移动表中数据时标题始终保留在顶部。

	A	B	C	D	E	F	G	H
1	使用单位	(全部)						
2	月份	(全部)		选择先单击这里			返回	
3	出库库别	大众一厂库区						
4								
5			出库库区	值				
6			捷达		宝来		速腾	
7	零件代码	零件名称	出库数量	出库资金	出库数量	出库资金	出库数量	出库资金
8	⊞01M 321 35	变速箱油底壳	2	1 161.64				
9	⊞L059 919 5(	温度开关	2	210.34	20	2 103.4		
10	⊞357 199 38	变速箱悬置	1	83.12				
11	⊞L020 945 4	倒车开关	3	249.36				
12	⊞L06B 905 1	点火线圈	1	105.17				
13	⊞L050 121 1	节温器	10	214.8				
14	⊞L051 103 4	密封垫 2V	3	315.51				
15	⊞L06A 103 1	曲轴后密封法兰	1	105.17				
16	⊞L06A 103 5	油底壳	6	631.02				
17	⊞L06A 103 6	油底壳密封垫	1	105.17				
18	⊞L06A 109 1	正时齿带 2V	1	105.17				
19	⊞L06A 115 5	机油滤清器	1	105.17				
20	⊞L06A 121 0	水泵总成	1	105.17				
21	⊞L06A 141 0	离合器摩擦片	20	2 103.4				
22	⊞020 498 08	差速器连接法兰修理包			1	212.34		

图 17-21 累计出库汇总表

5. VBA 工程加密

完成上述操作后,为避免其他用户更改代码,最好的办法是给 VBA 工程加密。本系统中如果有加密的地方,密码都是"123";这里是给 VBA 工程加密,不是 Excel 文档加密。

(1) 进入 VBA 编辑器。打开 Excel 文档后,单击菜单进入 VBA"开发工具"→"Visual Basic",也可以按 ALT+F11 组合键进入 VBA 编辑器,弹出如图 17-22 所示的工程窗口。

(2) 打开工程属性窗口。进入 VBA 编辑器,右击图 17-22 所示的窗口中的 VBAProject 或其下工作表、窗体或者模块,弹出快捷菜单,如图 17-23 所示,选择 "VBAProject 属性",打开如图 17-24 所示的工程属性窗口。

图 17-22 工程窗口

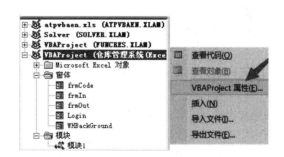

图 17-23 快捷菜单

① 设置密码。在图 17-24 中选中"保护"→"查看时锁定工程",并在"查看工程属性的密码"中输入密码"123",单击"确定"按钮,即可以保存文件并退出。下次进入 Excel 查看代码等数据信息时,需要输入密码。

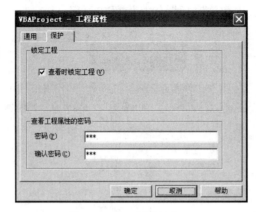

图 17-24　工程属性窗口

② 测试。重新进入 Excel VBA 环境,单击"仓库管理系统"时,弹出如图 17-25 所示的密码输入提示对话框。

图 17-25　密码输入提示对话框

六、思考题

1. 单选题

（1）For 语句必须与(　　)命令配对使用。
　　A. NEXT　　　　　B. END IF　　　　C. END SUB　　　D. GOTO

（2）同时能满足两个以上条件求和的函数是(　　)。
　　A. SUM　　　　　B. SUMIFS　　　　C. SUMIF　　　　D. 以上都不是

（3）复合框接收输入数据的属性是(　　)。
　　A. AutoSize　　　B. Caption　　　　C. Cancel　　　　D. Text

（4）显示指定窗体为当前窗体的方法是(　　)。
　　A. VISIBLE　　　B. ACTIVE　　　　C. SHOW　　　　D. HIDE

（5）为窗体添加图片显示的属性是(　　)。
　　A. PICTURE　　　B. DRAW　　　　　C. CIRCLE　　　　D. 以上都不对

2. 多选题

（1）分支语句命令有(　　)。
　　A. SELECT CASE　B. IF　　　　　　　C. FOR　　　　　　D. DO

（2）在 Excel VBA 中能够插入的模块有（　　）。

　　A. 子程序　　　　　B. 函数　　　　　　C. 属性　　　　　　D. 语句

（3）在 Excel 中可以执行的操作有（　　）。

　　A. 编辑当前工作表单元格

　　B. 在当前工作表中引用其他工作表中的数据

　　C. 在当前工作表中对其他工作表中的数据求和

　　D. 以上都不可以

（4）执行 FOR 循环语句时，（　　）时会终止 For 循环语句的执行。

　　A. 在 FOR 语句中执行 EXIT FOR

　　B. 当循环开始条件大于循环结束条件时

　　C. FOR 循环中遇到了 IF 语句

　　D. FOR 循环语句中执行了 SELECT CASE 语句

（5）在 Excel 中可以为（　　）内容添加保护。

　　A. Excel 工作表　　B. 窗体　　　　　　C. 模块　　　　　　D. 单元格

3. 实操题

（1）在出入库窗体界面设计中，可以进一步调整，将"零件名称"输入对象设置为"复合框"对象，当选择零件名称后自动出现"零件代码""仓库类别""库区选择"等信息，使操作更方便。有兴趣的读者可试一试。

（2）如果在本任务中需要添加一项功能，按库区统计出入库零部件数量以及资金。试一试，看能否完成？

参考文献

[1] 高福军.公路运输计划与调度实训教程[M].北京:北京大学出版社,2014.
[2] 马耀文.仓储与配送管理仿真实训教程[M].北京:中国物资出版社,2012.
[3] 薛威.物流仓储管理实务[M].北京:高等教育出版社,2011.
[4] 张群.生产与运作管理[M].北京:机械工业出版社,2014.
[5] 陈翠松.Visual Basic 程序设计使用教程与实训[M].北京:北京大学出版社,2006.
[6] 韩加国.Excel VBA 从入门到精通[M].北京:化学工业出版社,2009.
[7] 李俊民.零基础学 Excel VBA[M].北京:机械工业出版社,2009.
[8] 丁士锋.Excel VBA 标准教程[M].北京:化学工业出版社,2011.
[9] 罗刚君.Excel VBA 范例大全[M].北京:电子工业业出版社,2008.
[10] 杨密.VBA 从入门到精通[M].北京:电子工业业出版社,2008.
[11] Excel Home 技术论坛,http://club.excelhome.net/forum-2-1.html.
[12] Excel 精英培训,http://www.excelpx.com.
[13] 我要自学网,http://www.51zxw.net.